考拉旅行 乐游全球

■说走就走的旅行 有我，就是这么简单！ ■一书在手，畅游无忧

GREECE GUIDE

畅游希腊

就这本超棒！

总策划 黄金山
《畅游希腊》编辑部 编著

華夏出版社
HUAXIA PUBLISHING HOUSE

目录 CONTENTS

畅游希腊 GREECE

9 爱琴海其他 181

10 希腊其他 201

索引 214

出游需要个好帮手

《畅游世界》系列图书即将付梓，编者嘱我写序。我曾经从事旅游出版工作十余年，对旅游图书有些感觉，在这里谈一点感言，权作交差吧。

人生数十载，不外乎上学、工作、生活三部分内容。上学和工作乐趣不多，压力不少；只有生活（上学和工作之外）能够品尝出些许味道。而这其中，最有意思、最令人向往、最能给人带来欢乐与回味的生活方式便是旅游，尤其对于当今生活节奏快、成本高，工作压力大、收入低，人口密度高、服务差，整天像牛马一样机械地干活的都市人来说，旅游是一服综合的良药，虽不能说包治百病，却是良效多多。记得哲人歌德说过：“大自然是一部伟大的书。”而旅游就是阅读这部大书最为轻松愉悦的方式。一次短暂的旅游，可以使心灵得到长时间的安宁与抚慰；一次遥远的旅游，可以领悟人生的坎坷，体验生命的精彩；一次艰辛的旅游，留下的是难忘的记忆；一次快乐的旅游，带来的更是值得珍藏的财富。总之，旅游陶冶人的情操，愉悦人的身心，给人的生活带来无尽的希望与力量。

一次成功的旅游，需要做好三个阶段的工作：行前准备、途中指引、归来总结，而一本好的旅游指南书都能帮您搞定。虽然说现今的网络发达时代，利用各种固定的、移动的电子设备，可以查询相关旅游信息，方便快捷，但我对这些东西其实并不感冒，起码目前是这样，因为网上的信息东拼西凑、复制粘贴的太多，新兴的数字出版领域从行规建设、人员素质、质量控制等等诸多方面，要比已经发展了近百年的传统纸质图书行业稀松得多，可信度自然也就大打了折扣。数字出版物要想俘住广大读者的心，还有很长的路要走。所以，我建议出游的人们目前携带一本精要实用的纸质旅游指南书，还是明智的选择。

书店的旅游指南销售柜台已经摆满了花花绿绿的多家产品，各有优劣，读者尽可随意挑选。如果要我做个推荐，我自然要首推华夏出版社的“华夏行者——《畅游世界》”系列。这是一套为旅游爱好者量身定制的旅游指南书，通篇贯穿着一个宗旨，那就是让旅游者“畅”，食住行游购娱一路顺畅，惊喜快乐。书中对目的地的地理、气候、人文、区划、交通等作了详尽的介绍，还对当地的旅游热点、风味美食、平民餐馆、伴手好礼以及购物佳地等都进行了精选归纳和说明，最重要的还是本书精心设计的几天几夜游，它对于那些没时间计划或不会计划的忙人或懒人来说，很是管用，让您无须计划，拎起本书即可坦然上路。至于它是否具备优秀旅游指南的各项要素，诸如全面性、准确性、实用性、针对性、时效性、美观性等等，我便不再废话，说多了有“王婆卖瓜，自卖自夸”嫌疑，读者用过了，自然便有了答案。

仁者乐山，智者乐水。对于热爱生活的人们来说，旅游的步伐，从来都是风雨无阻，愿携带《畅游希腊》出行的人们，畅来畅往，快乐安康。

华夏出版社社长、总编辑

LOOK!希腊！

1 概况

希腊是欧洲古文明的发源地之一，拥有众多的文明古迹，并对三大洲的历史发展有过重大影响。该国的开发历史很长，农业、林业资源丰富，工业水平较为发达，比较知名的产业有制酒、橄榄油、葡萄干、运输、纺织、冶金、造船、化学炼油工业等。希腊的首都是古城雅典，其他主要城市有塞萨洛尼基、帕特雷等，还有萨洛尼卡、比雷埃夫斯等海港。希腊的国庆日是每年的3月25日，并以油橄榄作为国花，蓝宝石作为国石。

希腊是著名的旅游国家，来到这里的游人们可以欣赏众多的历史古迹，还能欣赏优美的自然风光，希腊的地貌具有多样性，既有高大挺拔的山峰，又有一望无际的平原，一个个景色优美的海岛如同撒落在海中的珍珠。

2 印象

希腊的面积虽然不大，但是各种旅游景点众多，其中世界文化遗产15处，文化与自然双遗产2处，以悠久的历史和独特的地中海自然风光吸引着全世界的游客。古老的神庙历经了岁月的沧桑，游客们现在只能看到断壁残垣。但是，那些精美的石雕、科学的布局、恢弘的气势仍然震撼人的心灵。希腊还拥有众多的历史博物馆，陈列着古老文明的发掘物和不同时代的遗留物品，还有珍贵的资料和极具魅力的艺术作品。

希腊是奥林匹克运动的发源地，因此各种体育运动十分盛行，尤其以足球、篮球和水上运动最为知名，2004年希腊足球队获得了欧洲足球锦标赛的冠军。该国的国民主要信仰东正教，并拥有众多的宗教文化景点，古老的希腊神话遗迹则供后来者追忆凭吊。

3 地理

希腊位于阿尔卑斯山与地中海之间，并与保加利亚、马其顿、阿尔巴尼亚、土耳其四国接壤，其海岸线全长15000多公里，领海宽度为6公里，面积约13万平方公里，是一个三面环海的半岛国家，还有大小不同的约2500个岛屿，占该国面积的15%，其中最大的是著名的克里特岛。希腊境内多山，沿海地区有很多平原带，品都斯山脉纵贯该国西部，其中部为色萨利盆地，海拔2917米的奥林匹斯山是希腊的最高峰。

4 气候

地处北半球的希腊是典型的地中海气候国家，冬季温暖湿润，夏季干燥，平均气温冬季为6~13℃，夏季为23~33℃。年平均降水量为400~1000毫米，各地区温度相差不大。

5 区划

希腊下辖色雷斯和东马其顿、中马其顿、西马其顿、伊庇鲁斯、色萨利、爱奥尼亚群岛、西希腊、中希腊、阿提卡、伯罗奔尼撒、北爱琴海、南爱琴海、克里特岛等13个大区，以及享有自治权的阿苏斯神权共和国。

6 人口

希腊约有人口1079万，其中约98%为希腊人。

7 历史

希腊首次出现人类居住痕迹可以追溯至旧石器时代（约公元前12万年—前1万年）。在随后的新石器时代（约公元前7000年—前3000年），大量的建筑遍及全国各地。在塞萨利（塞斯克罗、迪米尼）、马其顿、伯罗奔尼撒半岛等地已发现古代建筑物和墓地。

爱琴海地区出现首个市中心区标志着铜器时代的开始（约公元前3000年—前1100年）。在克里特岛、希腊本岛、基克拉迪群岛、爱琴海东北部以及其他具有典型文化形态的地区都曾是繁荣的居住地。

在希腊本岛，迈锡尼时代的希腊人利用圣托里尼岛火山爆发对克里特岛造成的破坏，在公元前第二个千年的最后数百年期间占领了爱琴海地区。迈锡尼卫城（城堡）遍及迈锡尼、梯林斯、皮洛斯、底比斯、格拉斯、雅典和伊奥尔科斯，由此组成了官僚王国的中心。

经历了200多年的经济和文化低迷（也被称为黑暗时代，公元前1150年—前900年）后，随之而来的是几何时期（公元前9世纪—前8世纪），这也意味着希腊文艺复兴时期的开端。在这段时期内，希腊组成了希腊城邦，创造了希腊字母表，并于公元前8世纪末编写了《荷马史诗》。随后的古风时期（公元前7世纪—前6世纪）发生了重大的社会和政治变革。西至西班牙、北至黑海以及南至北非（希腊第二大殖民地），希腊在这些地方建立了殖民地，为古典时期的兴盛奠定了基础。

在古典时期（公元前5世纪—前4世纪），雅典在文化和政治领域占据主导地位，以至于公元前5世纪的后半叶被称为伯里克利的“黄金时代”。然而在公元前404年，随着伯罗奔尼撒战争的结束，雅典也失去了其主导地位。

在公元前4世纪，出现了新的势力——马其顿人，菲利普二世及其儿子亚历山大大帝开始统领希腊。随着亚历山大东征以及对远自印度河等地区的征战，由此彻底改变了当时的世界格局。

在罗马占领时期（公元前1世纪—公元3世纪），大部分仰慕希腊文化的罗马皇帝对希腊城市（尤其是雅典）给予了很大的保护与帮助。1204年后，君士坦丁堡被西方十字军占领，部分希腊领土被西方强国瓜分，而与此同时，威尼斯人在爱琴海地区占据了战略地位（群岛和沿海城市），由此控制了贸易通道。1262年，拜占庭人重新占领了君士坦丁堡，标志着帝国时代的末期。

自公元14世纪开始，奥斯曼人逐渐开始占领希腊；1453年，君士坦丁堡被占领后帝国彻底解体；1669年，克里特岛是最后一个被奥斯曼人占领的地区。奥斯曼人开始了长达400年的统治，直至1821年希腊独立战争的爆发。大量拜占庭时期和奥斯曼占领时期的遗迹得以保存下来，如拜占庭和后拜占庭式的教堂和修道院、奥斯曼式建筑、美丽的拜占庭和法兰克城堡、各类其他遗迹以及传统居民区等，其中大部分都保留了奥斯曼和拜占庭式的建筑风格。

希腊独立战争后，独立的希腊王国于1830年成立，但只拥有少数的主权土地。在19世纪和20世纪初期，拥有密集希腊人口的新地区逐渐融入希腊。1920年第一次世界大战结束后，得益于当时的首相——埃莱夫塞里奥斯·韦尼泽洛斯，希腊的领土实现了最大范围的扩张。第二次世界大战结束后，通过合并多德卡尼斯群岛，希腊最终形成了现在的规模。历经7年的独裁统治期后，1974年，通过公民投票，希腊政府由原先的君主立宪制转变为总统议会民主制，并于1981年成为欧盟成员。

8 海洋

希腊拥有丰富多样的海洋环境：绵延1.5万多公里的海岸线、成千上万的岛屿、数千平方公里的海洋保护区、温和的气候、充足的阳光，如此精彩迷人的海洋景色，使希腊成为海上旅游观光的理想目的地。而数千年的海运业传统、良好的海洋旅游条件（安全的海域环境和较短的海岸距离）、适宜的风力强度及环境和海洋温度等条件，更是为希腊的海洋旅游业锦上添花。

海滩

希腊的海岸线总长度为15000多公里，遍布希腊海域中数以千计的岛屿的海岸线长度占了总长度的一半，而另一半则是沿希腊本岛延伸的海岸线。

由于其水晶般清澈的海水以及独特的多样性，希腊的海岸举世闻名，深受游客所喜爱。 游客在这里可尽赏绵延数公里的沙滩、避风港湾、金色沙丘地、卵石滩、陡峭的海岸洞穴以及黑色的火山沙土。每一年，成百上千的希腊海滩和码头被授予“蓝旗奖”。

希腊大部分的海岸都是免费向游客开放，因此可自由游玩。同时这里也有许多已开发的海滩，提供必要的基础设施以及优质的服务，其中包括阳伞、躺椅、更衣亭、咖啡馆、酒吧餐厅等。因此您不仅可以游泳，还能够体验水上运动（滑水、帆板、潜水等）以及帆伞运动、滑板、香蕉船、花式滑水、水上摩托艇等各类水上娱乐活动。为了确保游客的安全，所有已开发的海滩都配备了救生员瞭望塔。

游艇

希腊有3000多座岛屿，每一座都独具特色。如果您想在领略希腊岛屿魅力的同时，又能够体验舒适奢华的游艇之旅，那么建议您在游船中预定一个船舱，这将成为您永生难忘的旅行体验！全新的希腊及外国游艇，采用最新技术，拥有奢华配置，安全可靠，定能使您享受难忘的假日时光！

旅行社能为您提供详尽的出行方案，其中包括：游览希腊诸岛上的考古遗址、在传统居民区里逛街购物、在迷人的海滩中游泳等。美丽的风景将时刻伴随您左右。

希腊这片悠闲之地非常适合短途或长途的航行旅程，因为有许多岛屿和港口可供您游玩，而终年宜人的气候也为愉悦的旅行提供了条件。

此外，在希腊海域上巡游的同时，您将有机会参观著名的考古遗址、独具特色的教堂和修道院、近代遗迹、有趣至极的博物馆以及传统的居民区和村落，并领略乡村的自然风光。有许多希腊当地的公司以及国外机构可提供海上巡游和列岛游的服务。

9 文化

文化是一种我们共同分享的历史性经验和创造性活动的记忆。今天的希腊，因其璀璨的文明而焕发诱人的新生机。 希腊每处风景都带着那么一丝惊喜，迷人而独特；周围每个角落都有令人兴奋的细节，且一一展现在你眼前。郁郁葱葱而荒凉无边，宁静又喧闹，粗犷或和睦，一切都有着鲜明的对比。

希腊文化的缩影，每一个都如金色花瓶一样耀眼：坍塌的梁柱、雕像以及古老寺庙的废墟。在这片土地上，阿伽门农和克莱天奈斯托曾经行走过，伊莱克等待过特拉瑞斯。在那过去的岁月里，依然有很多古典戏剧表演。内容围绕着神话、习俗、故事、艺术、岛屿与希腊大陆，而马赛克和壁画的魅力、梦想、寓言主题也包括其中。拜占庭帝国依然顽强地注视着天国，被大海和金色沙滩包围着。阴暗的拱门与风车、高傲的铁塔，太阳张开双臂，撒播恩泽。每一张图片都能看到希腊昔日的自然及人文光彩。睿智的老婆婆坐在街头绣着花儿，阳台上散落着被晒干的西红柿。这些影像隐藏着慢慢消失，然后再次出现，在雄伟的阿索斯山车道上，抑或是在那寺院的拱廊阴影之下，悄然与你做伴。古往今来，希腊文化注定是美丽的。在古代，拜占庭和古希腊文明总是不断地让这种美丽更加理想；到了如今，这种美渗透在希腊这片土地上，而热情也已成为一种传统。

GO!希腊交通!

1 航空

作为全球最现代化的机场之一，雅典国际机场能够提供优质的地勤服务，已成为希腊的一大亮点。希腊拥有许多国际直达航班的机场，这些机场包括：位于亚历山德鲁波利斯的Dimokritos国际机场，位于塞萨洛尼基的Macedonia国际机场，位于科孚岛的Ioannis Kapodistrias国际机场，位于罗德岛的Diagoras国际机场，位于克里特岛的Nikos Kazantzakis国际机场和伊拉克里翁机场。国内航班包括奥林匹克航空公司、爱琴海航空公司、雅典航空公司以及天空快运。同时，雅典国际机场还与郊区网络相连接，毗邻地铁站，还拥有通往雅典市中心、比雷埃夫斯、拉斐那以及利瓦迪亚等港口的多条公交线路，如此便捷的交通使游客在抵达当天便能够前往各大岛屿。

与其他国家相比，希腊的飞机票价格比较合理，但与轮船、公共汽车和火车相比，坐飞机还是相当昂贵的（一张飞机票的价格是火车票价格的3倍多，比两张船票的价格稍低一点）。乘坐飞机前一定要注意航班时刻表。你可以向奥林匹克航空公司索要航班时刻表。另外，你也可选择小一点的航空公司，如希腊航空，它主要开通国内航班。飞往各岛屿的航班到了夏季经常没有空座，所以最好提前一周订票。

2 火车

在希腊，坐火车甚至比坐公共汽车还便宜。希腊铁道网络的范围相当有限，不仅铁路到达的地区少、车次不多，而且速度也相当慢，因此除雅典到帕特雷和塞萨洛尼基的特快列车之外，你会发现汽车旅行要方便迅捷得多。你可以多出些钱，坐直达的快速列车。如果你手头正紧，那不妨坐往返列车，那样可享受20%的折扣。26岁以下的学生通常可以享受折扣。

郊区铁路路线包括：

雅典—雅典Eleftherios Venizelos国际机场（涵盖7个中转站）

雅典—科林斯（雅典以西84公里，涵盖7个中转站）

科林斯—基亚托（24公里）

科林斯—雅典Eleftherios Venizelos国际机场（涵盖11个中转站）

路线完工后，比雷埃夫斯及其港口将能够与雅典、机场以及邻近省份较大的市中心相连接，如底比斯、哈尔基斯和路特奇。

③海运

希腊当地的游艇总计超过16万注册吨位，拥有超过1万人次的载客量，覆盖希腊各大港口以及东地中海其他国家港口的短途或长途航线。同时，在希腊的各大港口中也有来自其他国家的游艇，每年为希腊带来了五十多万的海外游客。全国共有大小港口444个。主要港口有比雷埃夫斯、萨洛尼卡、沃洛斯和帕特雷。到希腊旅游没有坐船是无法想象的。几乎所有的希腊岛屿都通航，不论是大型游轮，还是小船或水翼船，总有一种会通往你想去的岛。

希腊的航船包括客轮、渡轮以及水翼游艇等，覆盖国内外的海运航线。经过整体的翻新改造后，这些船只将为游客提供便捷可靠的愉悦之旅。

爱琴海、Argosarosikos群岛以及克里特岛主要与比雷埃夫斯和Rafinas港口相连通。爱奥尼亚群岛与帕特雷、基利尼斯、伊古迈尼察和阿斯塔克斯港口相连通。

4 公交

由于有城际巴士（KTEL）固定且密集的交通网络，因此希腊大部分地区的中心城市彼此之间都相互连通。这些交通网络符合现代化的规范要求，为旅客提供更加舒适安全的交通运输。

5 汽车

由于长期以来希腊交通基础薄弱，地理又不与其他欧盟国家接壤，高等级公路较少，直接影响经济的发展。近几年，在欧盟的大力资助下，希腊高速公路的建设发展较快，城市间的交通状况明显改善。希腊主要的道路轴线如下所示，括号中为欧洲道路编号：

雅典—塞萨洛尼基（E 75）

雅典—科林斯（E 94）

科林斯—帕特雷（E 65）

科林斯—的黎波里—卡拉马塔（E 65）

帕特雷—皮尔戈斯—奥林匹亚（E 65）

塞萨洛尼基—卡瓦拉—亚历山德鲁波利斯（E 90）

伊古迈尼察—亚历山德鲁波利斯（Egnatia Odos 高速公路）

哈尼亚—圣尼古劳斯（克里特岛E 75）

6 雅典交通

航空

雅典是希腊的航空枢纽，以雅典国际机场为中心。雅典国际机场位于斯巴达镇附近，距雅典35公里。这座机场设施完备，有144个服务柜台，总面积约15万平方米，机场共有24个登机口，每个小时有65个航班起降。目前这里开通了前往世界各地主要城市的对开航班，人们可以从世界各地来往雅典。而雅典机场和雅典市内的交通也十分方便，机场与雅典市区有地铁相连，并且有两条巴士线路分别到雅典城区和比雷埃夫斯港。

铁路

在整个希腊，坐火车要比坐汽车划算，主要是价格相当便宜。其中雅典是整个南欧地区重要的铁路枢纽，市内的拉里西斯火车站承担着所有火车运输任务。从雅典乘坐火车可以直接前往中欧和西欧各大城市。不过在雅典乘火车并不是很方便，不仅速度较慢，而且车次也比较少。此外，在雅典和塞萨洛尼基和帕特雷之间有高速火车，从这几个城市前往雅典还是比较方便的。

长途客运

希腊长期以来基础交通较为薄弱，而且和其他欧盟国家来往不便，因此公路较少。不过近年来希腊已经加强了公路的建设，主要有东西和南北两条主要干道，它们都从雅典经过，从公路沿线各大城市都可以乘车前往雅典。雅典郊区有两座主要的巴士站，其中Kifissou巴士站主要运营来往于伯罗奔尼撒的班车，而Liossion巴士站主要运营来往于雅典和德尔菲之间的班车。

地铁

雅典地铁是欧洲历史较为悠久的地铁之一，目前一共有红、蓝、绿三条线路，全部线路都已经实现了电气化，是世界上最繁忙的地铁线路之一。人们在市内乘坐地铁可以前往大部分旅游景点，十分方便。此外值得一提的是，雅典地铁不仅是公共交通工具，同时也是一个巨大的地下博物馆，所有在地铁建造过程中挖掘出的艺术品在各个车站原地展出。因此乘坐地铁来往于各个地铁站参观也成为了人们一大主要的旅游项目。

公共汽车

在雅典，汽车道路纵横交错。公共交通非常方便。可以在汽车站、卖报纸的地方或是主要广场特定的摊点上购买汽车票。您可以拨打185，了解每一辆公共汽车的起点、终点和路线等详细情况。

汽车租赁

在雅典有很多家租赁汽车的公司，这些公司大都位

于Syngrou大道。游人们可以从希腊租车公司联合会处得到所有租车公司的信息。

7 伯罗奔尼撒交通

航空

目前在伯罗奔尼撒半岛上仅有卡拉马塔拥有民用机场，这里开辟有通往世界各地的航班，从中国的北京、上海、广州、香港等城市可以直飞卡拉马塔，相当便利。而机场来往于卡拉马塔市区也相当方便，拥有专有的公交线路。

迈锡尼铁路

迈锡尼是伯罗奔尼撒半岛上的重要旅游城市，它周围铁路网纵横密布，乘坐火车来往于伯罗奔尼撒各个城市之间十分方便，尤其是可以通过火车前往奥林匹亚、纳普良等主要旅游景点。同时从雅典也可以乘坐火车到达迈锡尼。

奥林匹亚铁路

奥林匹亚是客流最集中的区域，和科林斯及迈锡尼之间都有铁路相连，可以乘火车前往，不过从科林斯到奥林匹亚途中需换车，花费的时间也较多。

科林斯长途客车

从雅典的Kifissou巴士站每天有多趟公交巴士可以前往科林斯，平均30~60分钟就会有一辆车。一般巴士都会停靠在科林斯的海滨小镇Isthmia，在那里转乘其他巴士前往科林斯市内。

斯巴达长途客车

斯巴达和雅典之间每天有10多辆班车来往，中途也会停靠在科林斯附近的小镇，也可以换乘班车前往科林斯。斯巴达的长途客运站位于市中心，距离市政厅不远，来往十分方便。

奥林匹亚长途客车

雅典每天会有出发前往奥林匹亚的班车，车程约5

个半小时。另外在小镇Pyrgos也有开往奥林匹亚的班车，只需花费30分钟。而从奥林匹亚巴士站下来，只需步行少许路程就能抵达遗址区，十分便利。

8 爱琴海交通

米诺克斯岛航空

在米诺克斯岛上设有机场，每天都有从雅典飞来的航班，旅游旺季每天有2~4班，不过米诺克斯岛的机场并没有固定的班车通往岛内其他地方，人们需要乘坐出租车前往。

纳克索斯岛航空

纳克索斯岛上的机场位于岛西侧，从雅典乘飞机到纳克索斯岛只需45分钟，从机场搭乘出租车前往岛内的荷拉市仅需5分钟。

克里特岛航空

克里特岛上有两座机场，主机场位于伊拉克里翁，另外在干尼亚有一座规模较小的机场，每天这里都有从雅典等城市飞来的航班，一天约有6班。而干尼亚的机场一天则有2~5班航班到达。此外，伊拉克里翁的机场距离市中心约4公里，有专门的巴士来往，十分方便。

罗德岛航空

罗德岛的机场位于罗德市西南，每天从雅典会有4~5班飞机飞到这里，而从克里特岛的伊拉克里翁也会有航班前来。

圣托里尼岛航空

圣托里尼岛上也有机场，从雅典乘飞机1小时就可到达圣托里尼岛，圣托里尼机场每天有数班航班前往米克诺斯岛。在夏季的旺季，还有到罗德岛以及克里特的中转航班。

克里特岛渡轮

从希腊本土的皮瑞斯港每天都有渡轮开往克里特岛，无论是前往伊拉克里翁还是干尼亚，时间均是9小时。而圣托里尼岛也有渡轮开往克里特岛，船程约为2个小时。伊拉克里翁的港口距离市内很近，步行也只要10多分钟。

罗德岛渡轮

皮瑞斯港每天也有渡轮前往罗德岛，船程为11小时，而从克里特岛乘船前往罗德岛需要12小时。罗德岛的港口位于旧城区内，适合步行前往。

米克诺斯岛巴士

在米克诺斯岛上有两个巴士站，北侧的巴士站前往岛北各个区域，南侧的则主要前往岛南各个区域。前往米克诺斯几个主要海滩的班车大多从南侧的巴士站出发。

圣托里尼岛巴士

在费拉市中心设有巴士总站，从这里每天都会有班车通往岛内除了古提拉遗迹以外的各个旅游景点。

纳克索斯岛巴士

纳克索斯岛的巴士站位于港口附近，有班车前往埃皮朗塞斯，每小时一班。

C 希腊面孔！

NO.1 希腊神话

希腊神话源远流长，是欧洲最早成型的文学形式，并通过《荷马史诗》等文学作品流传于世。这些神话故事主要分为神的故事和英雄传说两部分，神的故事反映了古希腊人对世界的起源、人类的出现、神的产生和谱系等的认识；英雄传说则是激动人心的故事，如特洛伊战争、奥德修斯的旅程、伊阿宋寻找金羊毛的事迹、赫拉克勒斯的功绩、忒修斯冒险和俄狄浦斯的悲剧等。希腊神话的故事遍及地中海两岸，欧亚非三洲的大地上都有故事中的场景出现，失落的文明通过这些传说再现在人们的视野中。

NO.2 爱琴海

爱琴海位于地中海的东北部，地处希腊半岛和小亚细亚半岛之间，南北长610公里，东西宽300公里。爱琴海的东北部经达达尼尔海峡与马尔马拉海相连。这片海域的海岛众多，其中就包括大名鼎鼎的克里特岛，而景色优美的爱琴娜岛就是希腊神话中有名的场景地、萨拉米斯海战的见证者。

爱琴海沿岸美景众多，并且遍布着各种历史古迹，游人们可以尽情享受阳光、海浪所带来的种种乐趣，还能前往那些古老的城市，探寻神话时代的痕迹，感受古代英雄人物的事迹。

NO.3 历史文化

希腊是人类的古文明发源地之一，它的历史文化至今仍对欧美国家有着重大影响，每四年举行一次的奥林匹克盛会就是其中之一。这里早在旧石器时代就有人类居住的痕迹，公元前2000年左右出现的迈锡尼文明被誉为欧洲最古老的文明。

古代希腊遍布着众多城邦国，并创造了繁荣的文化，既有以苏格拉底、柏拉图为代表的哲学家，也有以《历史》、《伯罗奔尼撒战争史》为代表的史学资料。阿里斯托芬、埃斯库洛斯等作家的戏剧具有极高的艺术价值，伟大的《荷马史诗》是万世流芳的作品。

NO.4 古希腊遗迹

希腊的古文明遗迹众多，许多历史悠久的古建筑，至今仍保存较好。伯罗奔尼撒半岛西部的山谷里奥林匹亚运动场是古代奥林匹克运动的场地，而位于雅典市中心的泛雅典体育场则是现代奥林匹克运动的首个体育场。雅典卫城是古建筑的汇聚之地，这里既有气势雄伟的帕特农神殿，又有着雕刻精美的伊拉克里翁神殿，它们不仅是先人留下的珍贵遗产，还是珍贵的历史文物，并在建筑学史上具有重要地位。塞萨洛尼基虽然名气不大，但保留着众多古希腊时代的遗迹。有兴趣的游客还可以前往一些博物馆中，欣赏古代遗迹的发掘物。

NO.5 希腊美食

希腊是著名的美食国度，有着鲜明的地中海特色，又有古老的历史传承，全麦面包、地中海蔬果、新鲜渔获、羊肉、奶酪等自然食材，再搭配橄榄油、葡萄酒及外来的香料，丰富了这个神话国度的饮食。

希腊美食的一大特色是使用橄榄油作为主要搭配材料，无论是作为调制生食、凉拌或沙拉时用料，还是作为厨房里的常备油，煎、煮、炒、炸皆宜；橄榄油还可以加入不同香料、辣椒等，制成风味特殊的食用油。这些美食的品种众多，其中就包括备受好评的Moussaka羊肉料理，而Pita面包是当地的主食之一。

NO.6 南欧风情

南欧是阿尔卑斯山脉以南诸多地区的统称，那里的希腊、葡萄牙、西班牙、意大利等国并称为南欧风景带。去南欧是一段让人身陷历史名城、文化遗产、美丽海岸线之中而不能自拔的奇幻、绚丽的旅程。那里既有明媚的阳光，又有柔软的海滩，成群结队的游人在那里欢乐地嬉戏。

漫步在古城的街道上可以看到鳞次栉比的房屋，墙壁上涂抹着鲜艳的色彩，给人以温馨舒适的感觉，遍布着斑驳痕迹的城堡、殿堂等古建筑则是文明和历史的象征。这里还有众多的古战场，无论是温泉关还是萨拉米斯都是供后人凭吊的古迹。

TIPS！希腊！

1 办理签证申请

根据在卢森堡签署的申根协议，中国公民只要持有奥地利、比利时、丹麦、芬兰、法国、德国、冰岛、意大利、希腊、卢森堡、荷兰、挪威、葡萄牙、西班牙、瑞典、匈牙利、捷克、斯洛伐克、斯洛文尼亚、波兰、爱沙尼亚、拉脱维亚、立陶宛、瑞士和马耳他这25个国家中任何一个申根成员国签发的签证，前往希腊都无需另外申请签证。

中国公民前往希腊观光旅游需要将该国设为在欧行程中第一个入境国家或逗留时间最长的国家，并前往希腊驻华使馆、领事馆申请签证。需要注意的是，游客在罗德岛观光后可以方便地乘渡轮前往土耳其，但因为土耳其并未加入申根协议，需要在行前事先办好土耳其签证。

希腊签证具体办理手续如下：

赴希腊旅游	
申请资格	目前中国所有地区的公民都可以申请赴希腊旅游。
所需证件	1.6个月以上有效期和至少有2页空白页的护照。 2.个人资料表：如果有拒签，请写明拒签的时间和国家，特别是曾经被申根国拒签过一定要注明。 3.签证申请表，完整填写并由申请人本人签字。 4.免冠正面彩照2张，白色背景，3×4（厘米）。 5.户口本：全家户口本（原件和复印件）。 6.身份证及身份证复印件。 7.机票预订单，往返行程订单。当申请多次入境旅游签证时，首次旅行的机票预订单注意：需为确认的往返机票。机票应该在签证颁发后出票付款。 8.未成年人（18岁以下）：学生证＋学校出具的证明信原件，包含如下信息：①完整的学校地址及电话；②准假证明；③批准人的姓名及职位；④复印件一份；⑤未成年人单独旅行时，需出具家庭关系或监护关系公证书（需由外交部认证）；⑥当未成年人跟随单方家长或监护人旅行时，需不同行的另一方家长或者监护人出具出行同意书，并由外交部认证；在中国境外办理时由境外相关政府机构办理该公证。 9.住宿证明：涵盖在申根国家停留的全部期间。 10.旅行计划：能够清晰展示旅行计划的文件(交通方式预订、行程单等)。 11.申请人偿付能力：证明最近3个月的银行对账单，无需存款证明。 12.在职人员：①盖章的公司营业执照复印件；②由雇主出具的证明信(英文件，或者中文件附上英文翻译)，需使用公司正式的信头纸并加盖公章，签字，并明确日期及如下信息：任职公司的地址、电话和传真号码；任职公司签字人员的姓名和职务；申请人姓名、职务、收入和工作年限；准假证明。 13.退休人员：养老金或其他固定收入证明。 14.未就业成年人：已婚者：配偶的在职和收入证明＋婚姻关系公证书（由外交部认证）；如果单身/离异/丧偶：其他固定收入证明。 15.适用于申根国，且涵盖全部申根国行程，保险额不低于3万欧元的医疗保险购买。

停留时间	根据申请时的日程安排而定，最长不超过90天。
所需费用	60欧元
注意事项	1.申请签证的材料一定要与真实情况相符，否则若是在申请过程中被发现，可能会被永久拒签。 2.申请签证准备材料时，最好认真、严格、细致地准备，这样通过的成功率更高。 3.申根签证有几次进出申根国家的限制，请事先了解清楚，以免到时无法入境。 4.大使馆可能会通知面试，面试的时候可以使用英语，如果英语不好的话可以用汉语回答，不会因此影响签证的成功率。 5.在办理签证之前，最好先向希腊驻华使领馆以电话或通过其网页查询相关要求，以免准备不全。
*上述介绍仅供参考，具体申请手续以当地有关部门公布的规定为准。	

2 四季温度

希腊属于地中海气候，阳光充沛，温度适宜，降水稀少。由于地势起伏崎岖不平，以及独特的大陆与海洋的分布状况，其独特的地理位置使希腊的气候变化多端。夏季，季节风（美尔丹风）为干热的天气带来凉爽，而山区的温度普遍都较低。冬季，低洼地区的天气比较温暖，仅有少量的冰雪，而山区则是冰雪覆盖。此外，在同一季节出现不同的气候特征属于常见的现象，例如，沿海地区天气微热，而山区却低温寒冷。

附：申根签证申请表

This application form should be filled out in English
此表格必须以英文填写

PHOTO
照片

Schengen Visa Application form
申根签证申请表

This application form is free
此表格免费提供

1. Surname (Family name) (x)
姓

2. Surname at birth (Former family name (s) (x)
出生时姓氏

3. First name (s) (Given name (s) (x)
名

4. Date of birth (day-month-year)
出生日期 (日-月-年)

5. Place of birth / 出生地

6. Country of birth / 出生国

7. Current nationality / 现国籍

Nationality at birth, if different:
出生时国籍，如与现国籍不同

8. Sex / 性别
☐ Male / 男 ☐ Female / 女

9. Marital status / 婚姻状况 ☐ Single / 未婚 ☐ Married / 已婚
☐ Separated / 分居 ☐ Divorced / 离异 ☐ Widow (er) / 丧偶
☐ Other / 其它 ………………………………

10. In the case of minors: Surname, first name, address (if different from applicant's) and nationality of parental authority / legal guardian / 未成年申请人 须填上合法监护人的姓名、住址(如与申请人不同)、及国籍

11. National identity number, where applicable
身份证号码，如适用

12. Type of travel document 护照种类： ☐ Ordinary passport / 普通护照 ☐ Diplomatic passport / 外交护照
☐ Service passport / 公务护照 ☐ Official passport / 因公护照 ☐ Special passport / 特殊护照
☐ Other (please specify) / 其它旅行证件（请注明）：………………………………………

13. Number of travel document 旅行证件编号

14. Date of issue 签发日期

15. Valid until 有效期至

16. Issued by 签发机关

17. Applicant's home address and e-mail address 申请人住址及电子邮件

Telephone number(s)
电话号码

18. Residence in a country other than the country of current nationality 是否居住在现时国籍以外的国家
☐ No 否
☐ Yes. Residence permit or equivalent ……………………… No ………………… Valid until……………………………
是。 居留证 编号 有效期至

*19. Current occupation
现职业

*20. Employer and employer's address and telephone number. For students, name and address of educational establishment.
工作单位名称，地址和电话，学生填写学校名称及地址

21. Main purpose(s) of the journey: 旅程主要目的
☐ Tourism / 旅游 ☐ Business / 商务 ☐ Visiting Family or Friends / 探亲访友
☐ Cultural / 文化 ☐ Sports / 体育 ☐ Official visit / 官方访问
☐ Medical reasons / 医疗 ☐ Study / 学习 ☐ Transit / 过境
☐ Airport transit / 机场过境
☐ Other (please specify) / 其它 (请注明)

For official use only
签证机关专用

Date of application:

Visa application number:

Application lodged at
☐ Embassy/Consulate
☐ CAC
☐ Service provider
☐ Commercial intermediary
☐ Border

Name:

☐ Other

File handled by:

Supporting documents:
☐ Travel document
☐ Means of subsistence
☐ Invitation
☐ Means of transport
☐ TMI
☐ Other:

Visa decision:
☐ Refused

☐ Issued

☐ A

☐ C

☐ LTV

☐ Valid

From ………………………

Until ………………………

Number of entries:
☐ 1 ☐ 2 ☐ Multiples

Number of days:

Disclaimer: This translation is provided solely as a courtesy, in all cases the English version shall be decisive regarding any interpretation of the text.
本译文仅供参考，所有对本文件的解释以英文版为准

(x) Fields 1-3 shall be filled in accordance with the data in the travel document
字段 1-3 须依据旅行证件填上相关资料

22. Member State (s) of destination / 申根目的地	23. Member State of first entry / 首入申根国	
24. Number of entries requested 申请入境次数 □ Single entry / 一次 □ Multiple entries / 多次 □ Two entries / 两次	25. Duration of the intended stay or transit Indicate number of days 预计逗留或过境日数	

The fields marked with * shall not be filled by family members of EU, EEA or CH citizens (spouse, child or dependent ascendant) while exercising their right to free movement. Family members of EU, EEA or CH citizens shall present documents to prove this relationship and fill in fields No 34 and 35.
欧盟、欧洲经济区或瑞士公民的家庭成员(配偶、子女或赡养的老人)行使其自由往来的权利，不必回答带（*）号的问题。欧盟、欧洲经济区或瑞士公民的家庭成员必须填写第 34 条及 35 条的问题并提交证明其亲属关系的文件。

26. Schengen visas issued during the past three years / 过去三年获批的申根签证 □ No / 没有 □ Yes. Date (s) of validity from ………………………………………… to …………………………………………….. 有。 有效期由 至		
27. Fingerprints collected previously for the purpose of applying for a Schengen visa 以往申请申根签证是否有指纹纪录 □ No / 没有 □ Yes 有 …………………Date, if known / 如有，请写明日期……………….		
28. Entry permit for the final country of destination, where applicable 最后目的地之入境许可 Issued by ……………………….................. Valid from ……………………………until ……………………………… 签发机关 有效期由 至		
29. Intended date of arrival in the Schengen area 预定入境申根国日期	30. Intended date of departure from the Schengen area 预定离开申根国日期	
*31. Surname and first name of the inviting person (s) in the Member State (s). If not applicable, name of hotel (s) or temporary accommodation (s) in the Member States (s) 申根国的邀请人姓名。如无邀请人， 请填写申根国的酒店或暂住居所名称		
Address and e-mail address of inviting person (s) / hotel (s) / temporary accommodation (s) 邀请人/酒店/暂住居所的地址及电子邮件	Telephone and telefax 电话 及 传真号码	
*32. Name and address of inviting company / organization 邀请公司或机构名称及地址	Telephone and telefax of company / organisation 邀请方电话及传真号码	
Surname, first name, address, telephone, telefax, and e-mail address of contact person in company / organisation 邀请公司/机构的联系人姓名、地址、电话、传真及电子邮件		
*33. Cost of traveling and living during the applicant's stay is covered 旅费以及在国外停留期间的生活费用		

Disclaimer: This translation is provided solely as a courtesy, in all cases the English version shall be decisive regarding any interpretation of the text.
本译文仅供参考，所有对本文件的解释以英文版为准

□ by the applicant himself/herself / 由申请人支付 Means of support / 支付方式 □ Cash / 现金 □ Traveller's cheques / 旅行支票 □ Credit card / 信用卡 □ Prepaid accommodation / 预缴住宿 □ Prepaid transport / 预缴交通 □ Other (please specify) / 其它(请注明)	□ by a sponsor (host, company, organisation), please Specify / 由赞助人（邀请人、公司或机构）支付，请注明 □ referred to in field 31 or 32 / 参照字段 31 及 32 □ other (please specify) / 其它 (请注明) Means of support / 支付方式 □ Cash / 现金 □ Accommodation provided / 提供住宿 □ All expenses covered during the stay / 支付旅程期间所有开支 □ Prepaid transport / 预缴交通 □ Other (please specify) / 其它(请注明)	

34. Personal data of the family member who is an EU, EEA or CH citizen 家庭成员为欧盟、欧洲经济区或瑞士公民，请填写其个人信息			
Surname 姓		First name(s) 名	
Date of birth / 出生日期	Nationality / 国籍	Number of travel document or ID card 旅行证件或身分证编号	
35. Family relationship with an EU, EEA or CH citizen 申请人与欧盟、欧洲经济区或瑞士公民的关系 □ spouse 配偶 □ child .... 子女 □ grandchild 孙儿女 □ dependent ascendant 受养人			
36. Place and date / 地区 及 日期	37. Signature (for minors, signature of parental authority/legal guardian) 签字（未成年人由其监护人代签）		

I am aware that the visa fee is not refunded if the visa is refused / 本人知道即使签证被拒也不能退还签证费

Applicable in case a multiple-entry visa is applied for (cf. field No24): / 适用于申请多次入境签证 (参照字段 24)
I am aware of the need to have an adequate travel medical insurance for my first stay and any subsequent visits to the territory of Member Status.
本人知道须预备有足够保额的旅游医疗保险作为首次及其后各次出发到申根国家领域之用

I am aware of and consent to the following: the collection of the data required by this application form and the taking of my photograph and, if applicable, the taking of fingerprints, are mandatory for the examination of the visa application; and any personal data concerning me which appear on the visa application form, as well as my fingerprints and my photograph will be supplied to the relevant authorities of the Member States and processed by those authorities, for the purposes of a decision on my visa application.

Such data as well as data concerning the decision taken on my application or a decision whether to annul, revoke or extend a visa issued will be entered into, and stored in the Visa Information System (VIS) ([1]) for a maximum period of five years, during which it will be accessible to the visa authorities and the authorities competent for carrying out checks on visas at external borders and within the Member States, immigration and asylum authorities in the Member States for the purposes of verifying whether the conditions for the legal entry into, stay and residence on the territory of the Member States are fulfilled, of identifying persons who do not or who no longer fulfill these conditions, of examining an asylum application and of determining responsibility for such examination. Under certain conditions the data will be also available to designated authorities of the Member States and to Europol for the purpose of the prevention, detection and investigation of terrorist offences and of other serious criminal offences. The authority of the Member State responsible for processing the data is: *Ministry of Citizen Protection, Greek Police, International Police Cooperation Division, 3rd Division SIRENE, Kanellopoulou 4, GR-101 77 Athens, Tel.: +30.210.6977000, Fax:+30.210.6929764, Email: info@sirene-gr.com*

I am aware that I have the right to obtain in any of the Member States notification of the data relating to me recorded in the VIS and of the Member State which transmitted the data, and to request that data relating to me which are inaccurate be corrected and that data relating to me processing unlawfully be deleted. At my express request, the authority examining my application will inform me of the manner in which I may exercise my right to check the personal data concerning me and have them corrected or deleted, including the related remedies according to the national law of the State concerned. *The national supervisory authority of that Member State [Hellenic Date Protection Authority, Kifisias str 1-3, 1st floor, GR-115 23 Athens, Tel.:+30.210.6475600, Fax:+30.210.6475628, E-mail: contact@dpa.gr]* will hear claims concerning the protection of personal data.

I declare that to the best of my knowledge all particulars supplied by me are corrected and completed. I am aware that any false statements will lead to my application being rejected or to the annulment of a visa already granted and may also render me liable to prosecution under the law of the Member State which deals with the application.

I undertake to leave the territory of the Member States before the expiry of the visa, if granted. I have been informed that possession of a visa is only one of the prerequisites for entry into the European territory of the Member States. The mere fact that a visa has been granted to me does not mean that I will be entitled to compensation if I fail to comply with the relevant provisions of Article 5(1) of Regulation (EC) No 562/2006 (Schengen Borders Code) and I am therefore refused entry. The prerequisites for entry will be checked again on entry into the European territory of the Member States.

Disclaimer: This translation is provided solely as a courtesy, in all cases the English version shall be decisive regarding any interpretation of the text.
本译文仅供参考，所有对本文件的解释以英文版为准

本人知悉并同意以下条款：该申请表中所有关于本人的个人信息、照片或采集的指纹样本均为审核本人的签证所需。本人在该申请表中所填写的所有个人信息、指纹样本和照片均可提供给申根国家的相关主管部门，以便其受理本人的签证申请并对申请作出决定。

该信息以及签证结果甚或签证注销、撤消或延期的决定将一并收录到签证信息系统(1)（VIS系统）并最长保存五年，在此期间，有根成员国的相关签证部门、边境及境内的签证检查部门以及移民局和难民局均有权登入VIS系统，核查签证申请人是否已满足入申根国境并在境内逗留的相应前提件；核实不满足或不再满足该前提条件的签证申请人；审核难民申请并确定出该申请的主管部门。必要时，各申根成员国的特定部门以及欧盟刑警组织均有权参考该信息，用于预防、侦察和调查恐怖活动及其它严重犯罪行为。*希腊负责管理该类信息的部门是居民保护部，希腊警察局，国际警察合作司，第三处SIRENE, 雅典Kanellopoulou 4, GR-101 77，电话：+30.210.6977000, 传真:+30.210.6929764, Email:* info@sirene-gr.com。

本人知悉本人有权要求任何一个申根成员国告知VIS系统中都收录了本人哪些个人信息，是由哪个申根成员国收录进去的。除此之外，本人亦有权申请更正系统中收录的错误信息并删除不合法信息。审核本人签证申请的领事机构会应本人要求提供相关说明性信息，如签证申请人应如何行使审核个人信息的权力，依据相关申根成员国的法律规定要求更正甚或删除不正确的个人信息的权力以及如何行使向相关申根成员国的主管部门{*希腊数据保护机构，雅典Kifisias str 1-3, 1st floor, GR-115 23, 电话:+30.210.6475600, 传真:+30.210.6475628, E-mail:* contact@dpa.gr}就个人信息保护事宜依法申诉的权力。

本人确保以上信息均系本人如实提供，确保信息正确而完整。本人知悉提供虚假信息可导致本人签证申请被拒签或已得到的签证被注销甚或受理本人签证的申根国会因此而对本人追究刑事责任。

如本人的签证申请被批准，本人有义务在在签证到期前离开申根国境。本人亦获悉得到签证仅是具备了进入申根国境的前提条件之一，如果本人因未满足编号为EC562/2006 的欧洲共同体协定中第 5 条第 1 款中所述前提条件而被拒绝入境，本人不得要求赔偿。在进入申根成员国的领土时，入境条件将被再次审核。

Place and date / 地区 及 日期	Signature (for minors, signature of parental authority/legal guardian) 签字（未成年人由其监护人代签）

([1]) In so far as the VIS is operational+

3 签证申请中心

北京希腊签证申请中心

地址：北京市朝阳区工体北路13号院1号楼702室，邮编：100027

申请受理时间:周一至周五

申请人：8:00—14:40

ADS：8:00—10:00（请提前致电使馆预约，使馆[签证处]电话：010-65321588）

领取护照时间: 8:00—15:00 (周一至周五)

热线电话: 010-84059490 ，8:00—15:00 (周一至周五；周六日及法定假日除外)

咨询邮箱: infopek.grcn@vfshelpline.com

如您有任何意见/反馈，您可发送电子邮件至feedback.grcn@vfshelpline.com

上海希腊签证申请中心

地址：上海市黄浦区徐家汇路555号广发银行大厦2楼，邮编：200023

中心开放时间：周一至周五8:00—15:00，节假日除外

申请人：8:00—14:40

ADS：8:00—12:00

特定领馆假日请查看假日列表：http://gr.vfsglobal.cn/shanghai/holiday-list.html

广州希腊签证申请中心

地址：广州市天河区体育西路189号城建大厦2楼220室，邮编：510620

电话：020-38629771，开放时间：周一至周五8:00—15:00，节假日除外，特定领馆假日请查看假日列表：http://gr.vfsglobal.cn/guangzhou/holiday-list.html

申请受理时间:周一至周五(节假日除外)

申请人：8:00—14:40

ADS：8:00—10:00（请提前致电领馆预约，领馆[签证处]电话：020-85501114）

领取护照时间:8:00—15:00 (周一至周五,节假日除外)

签证常见问题

○如果我被拒签该怎么办?

小贴士

重要提示

请注意，目前北京希腊签证申请中心不受理本国长期签证，欲办理本国长期签证的北京领区申请人请直接至希腊驻华大使馆（签证处）。

希腊驻华大使馆（签证处）保留要求提供其他材料及安排签证申请人面谈的权利。

签证费相关信息：http://gr.vfsglobal.cn/beijing/visa-fees.html

签证不具有法律效力。签证拒签原因于拒签信中说明。签证费亦不作退还。

○我需要预约到签证申请中心递交申请吗？

不用预约。你可于周一至周五8:00—14:40到北京希腊签证申请中心来提交申请。

○何时来最好？什么时间申请人最少或排队时间最短？

取决于当日情况。你可于工作日任意时段前来。请事先查看公共假期/闭馆信息。

○在签证申请进程中，我可以外借我的护照吗？

外借护照会造成签证审核中断而导致审核时间加长，因此，请您务必在递交签证申请之前作好安排，避免外借护照。

○“签证申请中心已收到你的审理完毕的申请”是什么意思？

意思是“你的护照在签证申请中心，请来领取”。

○我可以代他人递交或领取护照吗？

北京希腊签证申请中心不接受由申请人委托的中介或代理递交申请，必须由申请人本人来递交材料；如有特殊合理情况除外。在领取护照时，可以由受托人领取，受托人须出示签证申请中心签发的有效收据、委托书和身份证复印件。

○多次入境签证需要哪些文件？多次入境签证费是否比较高？

多次入境签证与一次入境签证所需文件一样，签证费与一次入境签证费相同。

○哪里我能够买保险？我可以在中心购买吗？

你可以在任何保险公司购买保险。北京希腊签证申请中心尚未设有保险公司代理点。

○签证申请工作天数为何？

在所需材料齐全的情况下，签证申请受理时间通

常为递交之日起五个工作日。如遇某些特殊申请，使馆须进一步核实，受理时间可能会延长。

○我何时支付所有费用？是否要求提前支付签证费和服务费用？

在申请递交给签证申请中心后支付签证费和服务费。无须事先支付费用。我们不接受银行卡付款。

○谁为未成年人签署申请表格？

孩子的父母或监护人。18岁以下申请人不能签署申请表格。

○父母委托书需要公证吗？提交复印件即可或仍需提交原件？如父母与子女一同旅行，是否还需提交父母委托书？

若双方家长与未成年子女一同旅行，无须出具父母委托书；然而，申请表格仍需家长或法定监护人签字。

以下的情况是需要出具出行同意书的公证书，并经由外交部认证（若非居住在中国，由境外相关政府机构办理该公证）：

1.未成年人单独旅行时；2.仅单方家长陪同未成年子女旅行时。无论双方家长/监护人是否同行或仅单方家长同行，皆须出具经外交部认证的亲属证明或监护人证明的公证书（若非居住在中国，由境外相关政府机构办理该公证）。

○我递交签证申请后需要做什么？

登陆网站输入受理号码和出生日期查询进度：http://gr.vfsglobal.cn/beijing/track-application.html

○希腊签证申请中心的员工可否帮我填写申请表格？

不可以，希腊签证申请中心员工不能帮助你填写申请表格，也不能向你提供任何移民建议。

4 出入境须知

游客出入境时需要申报自己所带的货物，其中允许携带香烟200支或雪茄50支或烟草250g、酒2瓶、香水50g、咖啡500g或是浓缩咖啡200g，需注意的是年满17岁人士方可携带免税烟草及酒精饮品入境，咖啡须由年满15岁人士携带。外币入境不限金额，但是需要在入境时先申报具体数额，出境时方可如数携出。此外古董可自由携入，但如果要再携出，应在入境时先申报。希腊古董若未经其文化科学部许可则不准输出。

除了免税商店外，在希腊同一家商店购物超过120欧元，即可办理购物退税。游客可以省下加值税VAT，只要记得向店家领取退税用的表格，填写之后，再到海关的退税柜台办理即可。来自非欧盟国家的游客，在3个月中将所购物品携带离境的，就享有免税优惠。在印有“欧洲免税购物”标志的商店购物时，消费总额高于最低限额时，就能得到“免税购物支票”，在机场过了海关后，就可到退税海关申请退税。

5 节日庆典

新年：1月1日。

主显节：1月6日。在比雷埃夫斯地区，海水被视为神圣之物。牧师将十字架扔入海中，然后年轻人潜入水中去抓取。

阿释周一：复活节前的第41天。这一天人们开始庆祝大斋节。在阿释周一，希腊人会放风筝、吃斋并庆祝Koulouma。雅典人会聚集在Philopappou山庆祝节日。

独立日& Evaggelismos庆典：3月25日。届时将举办阅兵仪式。

复活节：自耶稣受难日至复活节后的星期一。在耶稣受难日的晚上，所有教堂都会对耶稣基督灵柩的碑文进行布置。在宗教游行期间，希腊每个城市或乡村的大街小巷都人头攒动，所有人都手持蜡烛唱圣歌。

复活之夜：复活节前的午夜会以焰火和蜡烛进行庆祝。

复活节：复活节期间希腊人会吃烤羊肉，全天载歌载舞庆祝节日。

劳动节：5月1日。届时雅典到处都会举办花展。

五旬节：耶稣复活后的第50天。

圣母玛利亚升天日：8月15日。

10月28日：国庆节。届时会举办阅兵游行仪式。

圣诞节：12月25日—12月26日。

6 住宿

希腊是世界上最受欢迎的旅游目的地之一，每年它都会迎接超过1200万的游客，成为世界旅游组织名单上入境游客排名靠前的国家之一（根据世界旅游组织的数据）。

在过去的几十年里，大型或小型的多形态和现代旅游复合式建筑群发展起来，以便迎合每一位游客的住宿需求。希腊酒店住宿的潜在数量约为8900家，房间总数约为35.2万间。

此外，在加盖了G.N.T.O.的特殊运营章之后，许多旅游区都有大量房间出租，而全国各地有超过340家营地的3万个地点和2500栋小房子在运营。大多数旅店最近都做了翻新和升级，如今能提供高品质的现代化设施。

住宿的种类

1) 酒店：标准类型，传统客房，agrotourist住所等等。

2) 出租房

3) 出租公寓

4) 旅游住宅和别墅：根据游客的需求，为假期住宿提供各种规格的自炊式住宅。

5) 野营：在希腊官方G.N.T.O.允许下运作的野营的指定地点。他们会提供搭建帐篷或者大篷车的地点，其设施能提供广泛的服务。野营地点可以通过旅行社预订。你可以通过搜索泛希腊野营协会网站以便得到相关信息。在正规野营地点外的地方随便野营或者停车是不被允许的。

6) 青年旅社：通过希腊酒店协会找到酒店或者野营地。

7 水上运动

希腊是充满活力的海洋天堂，周围被海洋环绕。海水相互交融，营造出曼妙的景致，呈现了完美的和谐与纯净。希腊拥有蔚蓝的海水和美妙的海底世界，因此水上运动在这个海洋国度广为盛行。希腊爱琴海和爱奥尼亚海优美的自然景观给海上运动爱好者提供了完美的原生环境。此外，希腊本岛和其他岛屿上设施配备齐全，能够提供优质的服务。3000座希腊群岛是理想的游览之地，游客将有机会探索未受破坏的自然海滩，领略1.5万多公里的海岸线风光。

在希腊，你将有一个独一无二的选择：就是在温和的气候、清澈的海水、美轮美奂的海湾礁湖里体验冒险活动和水上运动，度过一段美好又经济实惠的长假期。想象一下，在蔚蓝海水和被太阳亲吻过的天空美景下体验深海捕鱼、豪华邮轮晚餐或者帆船海岸游览，会是一件无比美好的事。

你可以选择许多水上运动，比如帆板运动、滑水、水上滑板和潜水。希腊令人称赞的蔚蓝海水和明媚天空、多种多样的水上运动会让你体验一段无与伦比的经历。这里是一个水上运动的天堂！壮美的海岸风景、始终如一的高品质服务、经济实惠的高标准住宿环境以及值得骄傲的独特文化，使希腊成为世界顶级帆板冲浪运动的国家之一。希腊有数百个海岸都适合帆板冲浪，有名的地方包括帕罗斯岛、罗德岛、科斯岛、雷夫卡达岛、德罗岛和Schinias海滩（马拉松市）等，还有许多绿色原生态海岸等待你的发现。在希腊还有许多滑水运动的场所，比如沃里亚戈米尼 (Vouliagmeni)、波多赫利 (Porto Heli)、帕沃帝斯湖 (Pamvotis)、凯艾法斯湖 (Kaiafas)、波罗斯岛 (Poros)，都是被国际认可的世界最佳滑水场地。希腊的数千岛屿是最理想的水上滑板运动场地，同时还可以进行冲浪、滑雪、滑冰、滑水等运动。滑板爱好者们每年根据气候和海浪等因素挑选他们自己喜欢的运动海滩。水下潜水是希腊的一项传统运动，可以追溯到公元前2000年。

希腊海域提供给潜水爱好者大量的潜水地点，包括美丽的珊瑚礁、意想不到的水下峡谷和惊人的游泳隧道。一般水温保持在18℃~26℃，能见度达到25米深。海峡还有丰富的海洋生物，包括海豚、梭鱼、黄貂鱼、海龟、稀有海螺、海兔、杰克鱼、章鱼、鳗鱼和鲈鱼等。希腊海域和沙滩还可以体验深海捕鱼、淡水捕鱼、豪华游艇、邮轮晚宴、博彩邮轮、快艇、游船、帆船租赁等各种水上娱乐活动。 如果你想体验水上运动乐趣或尝试些新鲜刺激的感觉，希腊一定是你最完美的旅游目的地！

8 潜水运动

深海潜水是时下最令人着迷的水下运动之一。大海是一个令人兴奋的世界，充满神秘感又带有活力，所有海域的深海都十分寂静。色彩绚丽的海底、多种多样的海洋生物，以及令人惊叹的水下景致，等待着探险家在这片广袤无垠的蓝色环境里探索发现。

希腊海域因其崎岖的地形和数目惊人的海洋生物而闻名于世。海底洞穴、大礁石、沉没古镇、著名沉船构成了一个低调的活力世界。阳光的迷幻色彩被水晶般清澈的海水衍射；海面下的平静与永恒；人类在水下的飞行和自由的感觉，都使潜水成为一项令人兴奋的体验。

希腊有许多开设潜水教学的协会和社团，同时也有许多公司涉及潜水这项运动，他们提供的潜水设施可买可租，并且价格公道。

希腊有无数的潜水目的地，而且其铁杆粉丝们乐于在网上分享他们的宝贵经验。

爱琴海跟利比亚海是两个截然不同的世界。克里特岛是重要的潜水目的地之一，克里特岛西南部Kalatha和Palaiochora的海域相当迷人，而在克里特岛的哈尼亚有一个高端潜水中心。哈

尼亚的Apokoronas与克里特岛西部的Chora Sfakion和Platanias，以及更西边的Kissamos和Gramvousa都会让您获得美妙的潜水体验。斯波拉得岛北部则是初级潜水员的天堂。探险者对壮丽的海底、绚烂的色彩和水晶般清澈的海水万分着迷。

9 空中运动

由于滑翔机需要利用大气中的上升气流来飞行一段时间才可以维持飞翔高度，因此一个国家或地区的气候越干燥，就越适合开展这一运动。希腊便是滑翔、悬挂式滑翔和滑翔伞运动的理想之地，开展滑翔运动的最佳时间为四月至十月期间。

滑翔运动是指飞行员通过无动力的飞行工具，即滑翔机，利用上升气流来获得并维持飞翔高度。如果条件够好，有经验的飞行员在落地前可以滑翔数百公里。自1935年起，滑翔运动在希腊开始盛行。在希腊航空俱乐部的赞助下，雅典滑翔俱乐部成为滑翔运动的开创者。

在悬挂式滑翔中，飞行员通过特殊系带被“悬挂”在滑翔机下，因此他/她的身体看上去就像一个悬挂在空气中的钟摆。滑翔机是一种飞行机器，由涤纶布料和合金铝管组成。通过适当地改变重力并利用上升的气流，飞行员沿着纵向、横向、垂直三个坐标轴向预定的方向飞行。根据训练程度的不同，飞行员可以到达5000米的高度，并在空中停留长达10个小时之久。

滑翔伞（Parapente）的名字来源于法语词汇“parachute”和“pente”（山腰），始创于19世纪80年代的法国。这项运动需要良好的身体条件、过硬的技术、心理和精神警觉性、洞察力以及气象和空气动力学的知识，这些都会有专门的教练提供指导。

阿提卡（Kandili，麦加拉）、维欧提亚（Plataies Thivon）、科尼察、阿格里尼翁、阿尔塔、约阿尼纳、埃德萨、塞萨洛尼基、帕特雷、克里特岛以及希腊许多其他地区都适合开展滑翔伞运动。培训大概需要4~5个周末的时间，内容包括：飞行理论、气象学课程以及实战演练。当然，初学者在滑翔时会有教练陪伴指导。

速报!10大人气好玩旅游热地!

NO.1 雅典卫城

雅典卫城是世界新七大奇迹之一，距今已有3000年的历史。雅典卫城遗址位于今雅典城西南海拔150米的石灰岩山岗上，是祭祀雅典守护神雅典娜的神圣地。雅典卫城是古希腊建筑群的代表作，雅典卫城的建筑群、庙宇、柱式和雕刻达到古希腊胜地的最高艺术水平。

NO.2 米克诺斯岛

希腊拥有世界最美的岛屿，米克诺斯岛以其独特的梦幻气质首屈一指，被西方游客比作“最接近天堂的小岛”，米克诺斯岛的建筑是基克拉迪群岛最引人注目的奇迹之一。米克诺斯岛的海港风车浪漫唯美，海风伴随着风车，在这里俯瞰全市美景，爱琴海的海鸥以及独具匠心的白房子尽收眼底，米克诺斯岛也因此被称为“风车岛”。

NO.3 伯罗奔尼撒半岛

伯罗奔尼撒位于希腊南部，岛上不仅有丰富的历史古迹，如最早的奥林匹克体育馆、阿伽门农的迈锡尼都城等，还有细腻优质的海滩、碧绿的海湾，以及原始质朴的马伊纳山区。如果你取道阿提卡进入伯罗奔尼撒，不经意间会忽视希腊大陆和该岛之间还有一条狭窄的地峡，科林斯运河横越地峡把该岛屿的一端和大陆相连。古老的文明令人印象深刻。

NO.4 圣托里尼岛

圣托里尼岛位于爱琴海，是爱琴海最璀璨的一颗明珠，是柏拉图笔下的自由之地。这里有世界上最美的日落，最壮阔的海景。这里蓝白相间的色彩天地是艺术家的聚集地，是摄影师的天堂。圣托里尼岛有很多特色商店、酒吧，和别具一格的商店招牌、橱窗。蓝色的圆顶教堂与白色的墙壁相映成辉，散发出超凡脱俗的美。

NO.5 克里特岛

克里特岛是希腊最大的岛屿，在地中海中、爱琴海南，历史悠久。雪白的克里特岛是爱琴海最南面的皇冠，它是诸多希腊神话的发源地，是希腊古老文化的中心、地中海著名的旅游胜地。岛上的山地和山谷，风景优美多姿；地中海式的气候，风和日丽，植物常青，鲜花遍地。克里特岛四周是一望无际的碧波荡漾，因此有“海上花园”之称。

NO.6 罗德岛

罗德岛是爱琴海上的一个岛屿，也是爱琴文明的起源地之一，有着十分古老的泰勒刻辛神话。罗德岛曾经辉煌鼎盛一时，成为古代世界七大奇迹之一。罗德岛历史悠久，岛上留下了许多中世纪的建筑。罗德岛以它的文学气质和独特的历史内涵无愧为爱琴海诸岛中的一颗明珠。

NO.7 爱琴海

爱琴海位于地中海的东北部，地处希腊半岛和小亚细亚半岛之间，南北长610公里，东西宽300公里。爱琴海海域的海岛众多，其中包括著名的克里特岛和景色优美的爱琴娜岛。爱琴海沿岸美景众多，并且遍布着各种历史遗迹，游客们可以尽情享受阳光海浪所带来的乐趣，探索神话时代的遗迹，感受古代英雄人物的事迹。

NO.8 比雷埃夫斯

比雷埃夫斯位于希腊雅典以南萨罗尼科斯湾畔，是主要的造船和工业中心，也是地中海沿岸重要的商业港口。这里曾经是希腊的战略要地，历史遗迹很多，如无名战士纪念碑等，游客到雅典游览时，不妨在这里乘坐邮轮来一次浪漫的幻想之旅。

NO.9 卡林诺斯岛

卡林诺斯岛是爱琴海多德卡尼斯群岛中的一个岛屿，位于博德鲁姆半岛以西，在科斯岛和丽洛斯岛之间。该岛屿环境优美，气候宜人，地势多山区，散落着很多石灰石悬崖与洞穴，具有很好的攀岩条件，每年吸引着众多来自世界各地的攀岩爱好者前往。岛上的建筑多为意大利风格，岛上盛产橄榄、柑桔和葡萄。

NO.10 爱琴娜岛

Aegina又称埃伊纳。爱琴娜岛具有希腊岛屿的经典魅力和悠闲特征，这里有引人注目的阿波罗神庙遗址，位于码头西北的山上，破损的蜂蜜色石墙、走道、水池和残破的柱子都拜服在一根坚实的圆柱下，这些都是公元前5世纪的遗迹，曾是古代雅典卫城的组成部分。

F 速报!10大FREE主题迷人之选!

NO.1 阿塔罗斯柱廊

阿塔罗斯柱廊是古代帕加马国王阿塔罗斯二世赠给雅典的华美建筑，也是现在希腊境内唯一一处完全还原了的古希腊建筑，极具吸引力。阿塔罗斯的外侧是古朴的多立克柱，内部和二楼是爱奥尼亚柱式风格，这是公元1、2世纪留下的建筑方式。

NO.2 米特罗波利斯东正教堂

米特罗波利斯东正教堂是气势雄伟的教堂，历时15年才全部完工，是希腊独立后所建的宏伟教堂，也是雅典最重要的教堂之一。这座教堂建于1840年，是举行各种盛大典礼的地方，其中包括希腊总统宣誓就职仪式等。漫步在教堂里可以看到华美的壁画和精致的雕塑，庄严神圣的气息随处可见。

NO.3 普拉卡区

普拉卡区是雅典历史最悠久的城区，这个地区几乎就像城市中的一个岛屿，是体验真实希腊文化的绝佳地方。漫步于此，随处可见咖啡馆、古老的树木、绿色的叶子和石头铺设的人行道，希腊民族风情浓厚。这里是购物天堂和美食天堂，同时也是休闲漫步的好去处。沿着Kydathineon街，可以找到犹太博物馆、民艺博物馆以及提供bakalairo和其他烤肉的Saita餐馆。

NO.4 希腊国会大厦

希腊国会大厦是希腊独立后的政治中心之一，最初是第一代国王奥托的王宫，之后成为国会大厦。这座气势雄伟的大厦是典型的近代建筑，由德国拜恩州宫廷建筑师加卢道纳所设计建造，它有着华美的风格和典雅大方的气质。希腊国会大厦的正面有一排古希腊风格的大理石底座，非常引人注目，也是这座建筑的象征。

NO.5 卡马利黑沙滩

卡马利以一片长达1.5公里的黑沙滩而著名。圣托里尼独特的火山地质造就了卡马利独特的黑沙滩。火山岩、火山灰的沉积混着白沙，充满了沧桑狂野的自然气息。漫步于海滩大道上，餐厅、酒吧、运动用品等各式商店、高级旅馆林立。入夜之后这里的酒吧、舞厅热闹非凡，是你夜晚享受浪漫放松的最佳不夜城。

NO.6 宪法广场

宪法广场是雅典的著名景观，也是这座城市的中心广场，它位于国会大厦的对面，饱经风霜，见证了希腊的独立。广场的四周树木葱郁，有国家公园、无名烈士墓等诸多景点，中心有一座大型喷泉，四周遍布咖啡馆，是游客休憩的好去处。

NO.7 锡米岛

据说锡米岛拥有希腊最美丽的海港。许多房子的窗户和门上也带有明显的新古典主义特色，房屋建筑大多含有新古典主义风格的山形墙，似乎在向人们暗示着100多年前这里曾是希腊最繁荣的岛屿之一，游客到锡米岛来就是为了参观这里色彩斑斓的港口居住区。在这里欣赏美丽的峡湾风光是最惬意慵懒的事情了。

NO.8 皮尔奇镇

皮尔奇镇是希俄斯岛上最大、人口最集中的村镇。小镇最有特色之处，并不是村中著名的古塔而是被称为“xysta”的建筑彩绘。这些花纹多是由一些在石膏上绘制的黑色几何图形构成，这些花纹将村中的建筑连成了一体。抛开这些古老的建筑，悠久而神秘的生活习俗也吸引了众多游客。

NO.9 日落爱琴海

爱琴海伊亚镇的日落被誉为“世界上最美的日落”，除了蓝白天堂外最令人憧憬的就是那绚丽的日落。在伊亚镇看日落的最佳地点有两个，一个是伊亚镇最北端悬崖上的烽火台平台上，另一个是圣托里尼岛最有名的风车下的小广场。日落爱琴海，晚霞满天，碧波荡漾，红日褪去、最后一抹光辉结束的刹那，掌声、口哨声响彻人群，人们心潮澎湃，久久难以忘怀。

NO.10 麦泰奥拉

麦泰奥拉坐落在希腊中部，南部紧挨着卡兰巴卡。进入卡兰巴卡地界，远远就可以看到一群陡峭的灰色巨岩在皮尼欧河谷的树林中拔地而起。那些盘踞在巨岩顶上的群居型东正教修道院被称为“麦泰奥拉”。麦泰奥拉被戏称为“奥林匹亚诸神的游乐场”，是教科文组织UNESCO的世界级遗产。特殊的地貌加上神迹般的修道院吸引着众多游客前来。

6 速游！10大人气旅游目的地！

NO.1 北爱琴海

北爱琴海地区（North Aegean）从利姆诺斯岛开始，一路伴随着美景，然后来到莱斯沃斯岛参观独有的化石带。希俄斯岛是希腊岛屿中最神秘的岛屿之一，景色秀丽，是一个很悠闲安静的小岛，这里出产的乳香品质非常好，深受游客的欢迎。它的近旁就是普萨拉，风景独特，值得一游。

继续前行就是萨摩斯岛和毕达哥拉斯岛，游客们可以在浓郁的花香中惬意散步，沉浸在丰富的传统活动中。在迷人的富尔尼岛小憩之后，前往伊卡利亚岛，平静的氛围非常适合那些向往幽静的人们。

小亚细亚海岸微风拂过，在爱琴海东南部有5个令人欣喜向往的大岛：伊卡利亚岛、利姆诺斯岛、莱斯沃斯岛、希俄斯岛、萨摩斯岛。还有8个较小的岛：áyios Efstrátios、Antípsara、Thymaina、Oinoú sses、

Samiopoúla，以及普萨拉岛、福尔诺伊岛和米纳斯圣地。这里温泉遍布，乡村城堡、美味海鲜比比皆是，有许多沙滩堪称爱琴海地区最佳。这一切都将为远道而来的客人们留下终生难忘的回忆。乘船或飞机可抵达希腊最偏远的一些岛屿，那里风景绝佳、令人惊叹。

伊卡利亚岛：这里是希腊神话中因不顾父亲代达罗斯叮嘱，伊卡洛斯从高空飞翔时大意摔下身亡的发生地，因为飞翔中粘连羽毛的蜡融化导致他摔到海里去了。阳光普照下的伊卡利亚有许多时代久远的古迹遗址，以及受欧盟自然和生物多样性保护政策保护的自然遗迹，如：传统民居、矿物温泉以及地区特有的动植物种群等。此外，还有种类繁多的宗教节日、运动会纵贯全年。

利姆诺斯岛：公元前4000年到公元前3000年，利姆诺斯岛已有成型的聚集区：有一些朝向特洛德地区，其余的则朝向希腊北部群岛。在Myrina城可以享用当地的鲜鱼菜品，参观小镇上大量的火山岩。还可以参观各种博物馆、埃里卡湖与Hortarol í mni湖，这也受欧盟自然和生物多样性保护政策协议的保护。

莱斯沃斯岛：又名"Mytilíni"，这里是古希腊女诗人莎孚的出生地。传统民居遍布全岛，包括Agiássos、Assómatos、Vatoússa、Eressós、Mantamádos、Míthymna、Pétra、Plomári、Polihnítos、Sígri、Sykamiá。其中Plomári盛产知名的茴香烈酒oúzo，烈度最高，可用Kaloní的美味沙丁鱼下酒。岛上有禅宗中心和其他精神与文化的场所。Kaloní 野花遍地，也是欧洲知名观鸟地。而Thermí、Efthaloú和Yéra的温泉疗养很不错，在未被开发的黄金海滩漫步也是一件美妙的事。

希俄斯岛：又名"乳香之岛"。在这儿，你能品尝到美味可口的乳香制作的菜品，畅饮杏仁制成的传统饮料soum á da。在著名的Mastihoh ó ria有一系列建于14世纪热那亚时期的军事村庄，Mesta则有中世纪留存的古堡、教堂和用精致拱桥连接起来的石头房子。丰富的历史、众多的文物以及宗教节日在历久弥新的传统文化中加以传承。这里还有悠长的沙滩，许多仍是未被探足的蛮荒之地。

萨摩斯岛：这里是希腊哲学家和数学家毕达哥拉斯、哲学家伊壁鸠鲁和提出地球围绕太阳运转的天文学家阿里斯塔克的诞生地。让我们跟随先哲的足迹探寻这里的精神遗址——世界遗产里程碑"萨摩斯赫拉神庙"——古老的修道院与教堂，现在则举办一些文化盛事和音乐节。Pythay ó reio每年都会举办雅典大学哲学会议。萨摩斯的白沙滩上布满植被与村庄，并以盛产萨摩斯甜酒sami ó tiko krass í 而声名远扬。

Samiopoúla是萨摩斯周围最大的岛屿，夏季会有游客成群结队地前来观光。伊努塞斯岛由九个岛屿组成，坐落于希俄斯岛与小亚细亚半岛厄立特里亚之间。这里的海军博物馆展示了本地有一个世纪之久的航海传统。整个伊努塞斯岛都加入了欧盟自然和生物多样性保护政策协议。

普萨拉岛：这个岛屿在历史上被诗篇《奥德赛狂想曲III》首次提及，被其称为Psyrie。1821年希腊独立战争在这里打响，普萨拉由此成为希腊历史的里程碑之地，也是继Hydra和Sp é tses后的第三大航海战

略要地。

Antípsara：它是普萨拉群岛的一部分，坐落于希俄斯岛以西48公里处。这里的黄金沙滩与纯净海水可以让你度过一个美好的夏日时光，8月份的圣约翰教堂会成为宗教朝圣地。Ant í psara同时是希腊重要的鸟类栖息地。

福尔诺伊：这里是多样性动植物群集群地，包括香料植物、麝香草、香薄荷、鼠尾草、乳香黄连木、曼陀罗草、熊果、杜松以及橄榄树丛生长形成一片美妙的风景。

Ayios Efstratios：它是横亘利姆诺斯岛、莱斯博斯岛和Skyros岛的爱琴海东北部的一处火山岩岛。因其保存完好的古城遗址，而被称为重要的生态保护区，同时也是希腊重要的鸟类栖息地。

米纳斯圣地：这座东爱琴海的小岛位于Fo ú rnoi以东，萨摩斯岛以南，已被列入欧盟自然和生物多样性保护政策协议的特殊保护区，同时也是希腊重要的鸟类栖息地。

Thymaina：坐落于Fo ú rnoi西部和Ikar í a东部的小岛，盛产香料植物、香薄荷和鼠尾草，也是许多稀有动植物的所在地。

NO.2 爱琴海

爱琴海大区（Aegean Islands）由散布在爱琴海南部的40余个大小岛屿组成，靠近土耳其小亚细亚半岛的多德卡尼斯群岛。主要岛屿有罗德岛（Rodos）、科斯岛（Kos）、希罗斯岛（Seros）、纳克索斯岛（Naxos）、卡帕索斯岛（Karpathos）、安德鲁斯岛（Andros）等。

爱琴海大区各岛的旅游业非常发达，主要依靠近海航运，各岛均有定期班轮开往比雷埃夫斯港和各岛之间。岛上公路连接主要城镇和村庄。区内共有13个民用机场开通与雅典和萨洛尼卡的定期航班，是全国机场最多的大区。

爱琴海阳光充裕，爱琴海地区古迹密集，其每平方公里的历史遗迹比世界上其他任何地区都多。无瑕的自然美景、隐蔽有序的沙滩、丰富的生物植被、生动感人的民间传说、传统的生活方式，每个岛不同的烹饪风味和特产……所有的这一切都吸引着游人们前来感受希腊人民的热情好客。

黎明时提洛斯岛的古老纪念碑、白色的房子、无数的小礼拜堂将旅行者引入不同的时代。继续向前就是迪诺斯，传统的鸽子房子指引你来到纳克索斯，这里可以品尝到Arsenikos奶酪，它是该岛独一无二的风味特产。置身于帕罗斯岛，你将沉醉于风景如画的港口，和著名的Panagia、Ekatontapyliani寺院。无论是在圣托里尼的火山游览，还是到米克诺斯的海滩上畅游，都将令你难以忘怀。

NO.3 伊庇鲁斯

伊庇鲁斯（Epirus）是释放身心感受的探险之地。来到希腊的西北部地区，伊庇鲁斯是不可错过的景点之一。令人难忘的Tzoumerka山脉是少数没有受到现代科技影响的地区之一。

在希腊第二高峰Smolikas山脉与Grammos山的最高峰，游客们在这一高纬度的地区旅游时会欣赏到独特的高地风光：冷杉攀爬生长在险峻的岩石上，覆盖了裸露的阿尔卑斯山，壮观的森林村庄Kedros让游客接触到人类尚未触及的大自然。

在各种不同的国家生态公园内，Valia Calda（温暖峡谷）建于1966年，旨在保护地方的野生动物，并提供一次独特的旅游体验。

许多地区性的河流为原始的山区景色增色不少，比如希腊第二长度的河流Aheloos，还有充满惊险景象的Arahthos、Aoos和Voidomatis河，都是漂流和橡皮船爱好者的理想之地。在自然的力量下，整个地区人类的影响仅限于建造像艺术品般的石桥。其中最著名的石桥就是Plaka桥，跨度达到40米，高度为20米，被认为是最难建造的单拱桥之一。

另外值得一提的是分布在整个Zagorohoria地区的46座村庄：每一座精致的村庄都可以成为欣赏大自然美妙景色的探险起点。游客们还可以近距离看到世界第二深的峡谷——Vikos峡谷，分布着1700种植物和182种动物，构成了一个绝妙的生态系统，等待人类来体验。

游客们还会被Lonannia湖的景色所折服，这个湖也被称为"Pamvotis"，湖泊平静迷人，偶尔冬季结冰，但仍被认为是该地区旅游热点。据说在这里定居的先民可追溯到21000年前。

因此，独特景色和文化活动的有机结合使伊庇鲁斯成为独一无二的景点。拜占庭式的教堂和民俗博物馆，与适宜漂流的山河、适宜滑翔伞运动的平缓斜坡共同存在。同时每一个人都可以参观体验当地的农业活动，各种传统习俗再度焕发生机，加上当地热情好客的居民，真正让伊庇鲁斯成为游客们的美好回忆。

伊庇鲁斯既不是视觉的冲击，也不是文化的熏陶。它是情感和灵感，它是美好和渴望。

NO.4 伯罗奔尼撒

位于伯罗奔尼撒大区 (Peloponnese) 的阿尔古利达 (Argolida) 、阿哈亚 (Ahala) 、伊利亚 (Ilia) 、麦锡尼亚 (Messinia) 、拉库尼亚 (Lakonia) 、阿卡迪亚 (Arkadia) ……不同的地方都有不同的历史。

从东伯罗奔尼撒半岛 (Peloponnese) 游览到阿卡迪亚 (Arkadia) 山脉，游客们的头脑中充满了对埃皮达夫洛斯 (Epidavros) 剧场的记忆，有艰险的帕拉米迪 (Palamidl) 要塞，有古老的奥利匹斯山纪念碑，奥利匹斯山是奥林匹克运动的诞生地。

达思奥斯湖 (Dassios) 周围的自然环境，与充满生态趣味的芬耐奥斯山 (Feneos) 是那些户外运动爱好者的绝妙去处。在人造的荣耀湖周围支起露营帐篷，清澈的湖水和武莱科斯峡谷的天堂景色吸引着成千上万的旅游者纷至沓来。

在帕特雷市，气氛欢快活泼的狂欢节让旅程更加欢快，这个狂欢节是整个地区节日活动的一部分；继续前行，游客就可以参加野外越野探险队；到达卡拉维达 (Kalavryta) 的滑雪胜地，美丽的溶洞和佛利 (Foloi) 森林让人流连忘返；当地各种富有民族特色的小纪念品会成为旅行和赠送佳品。

往西走到达基利尼矿泉，这里是一个充满宁静和轻松气氛的世外桃源。当您乘着独木舟慢慢漂流，就会看到壮观的阿福佑河。

这趟旅程充满大自然的色彩影像。继续在鲁斯奥斯河 (Loussios) 上前进，看着宏伟的大峡谷，石桥和绿色的海岸线令游客痴迷，古老的阿斯克勒庇俄斯盆地一年四季都适合徒步旅行。

往南方走，培瑞斯奥瑞奥森林 (Perithori) 和耐达峡谷的景色出奇的迷人，在这里，希腊的自然风光变成了一处充满乐趣的探险之地。倾斜的帕诺纳斯山 (Parnona) 与水生生物宝库慕斯托斯河 (Moustos) 相互交叉，生物群落完

整丰富。

在伯罗奔尼撒半岛的核心地带，游客们站在蒙纳罗山（Menalo）上，原始森林给当地的野生生物提供了一个安全的生长环境。每年10月份，游客们都能有机会体验当地的民俗文化，包括维蒂纳村（Vytina）的传统产品，还有当地特产栗子酒。

穿越惊险的塔弗盖托斯山（Taygetos），探秘米斯塔斯城堡（Mystra），游客们欣赏着风景，领略着大自然的声音，发现蕴含在其中的秘密。

徒步爬上险峻的小路，游客们就来到了曼尼（Mani）山区，这里有拉纳卡峡谷（Larnaka），能观赏到许多稀有品种的蝴蝶，以及中世纪的水磨房。峡谷对面则是令人惊异的艾拉福尼斯奥斯海滩（Elafonisos），那里是野营者的绝妙去处。

这趟旅程的终点是阿芙洛狄忒女神岛，在这里，峡谷、溶洞、小溪、海滩和靛蓝色的海水融为一体。源远流长的古老文化以及充满惊险的科斯拉（Kythira）风景区，那些令人着迷的田园风景久久留在人们的心中，挥之不去……

NO.5 克里特岛

克里特岛 (Crete) 惊险的自然美景中，峡谷、洞穴、湖泊、山脉和河流都常出现在同一画面里。

哈尼亚地区的Lefka Ori (白色山脉)，自然爱好者在这里可以尽赏美景。Samaria Canyon国家公园令人惊讶，这里拥有种类繁多的稀有植物和野生动物，其中包括克里特岛著名的野山羊Kri -Kri。登山者和远足者可置身于岩石景观中，骑马爱好者也可以在马背上欣赏自然风光。在Arkoudiotiss洞穴驻足，看起来非常像熊的流石十分引人注目。克里特岛东西部相对的Gavdos是一个小的低地岛，拥有浑然天成的沙滩与美丽海滨，吸引了很多游客。

继续前行到达雷西姆农业地区，威尼斯堡垒、Sfendoni洞窟与Koxare峡谷是人工和天然的典型代表。Kourtaliotis河流穿越迷人的Preveli地区，棕榈树和瀑布将旅游者带入热带雨林地区。爬上Idi山脉从观鸟亭可以俯瞰美景，而Nida Plateau则是非常好的野营地点。此外，那里还有令人啧啧称赞的Idaeo Andro洞穴和Vorizianо峡谷。

进入到Iraklio地区的中心地带，你将会听到有关克诺索斯宫的传说。Giouhta山脉、绚丽沙滩与Kamares和Ilithyia紧紧地联系在一起。阿斯特罗西亚群山景色优美，这里有峡谷和海洋，以及海边的传统小客栈。艰险的山脉和陡峭的岩石沙滩成为徒步旅行的天然屏障。风车农场和考古公园都会给你留下很深的印象，攀岩爱好者可以直接前往Kapetania地区。

旅行的最后一站在克里特岛的东海岸处Lastithi地区。与雪山和独特的Vai森林形成鲜明对照的是那条醒目的棕榈树带。继续前进，游客会发现三大陆交界地的Sitia地区。克里特文明和华丽的沙滩使得这里成为大自然和历史爱好者的理想目的地。

游览克里特岛，尽情享受这里的大自然美景和体验当地的文化。在熟知这里的一切后，旅行者将通过克里特岛的“神秘遗迹”感受独一无二的亘古文明。

NO.6 爱奥尼亚群岛

蓝绿色交织的海水鲜艳无比，当地的佳肴美味可口，原住民用歌声表达他们的语言，用舞蹈来体现他们的举止……爱奥尼亚群岛 (Ionian Islands) 的精致魅力似乎是不受时间影响的。

“爱奥尼亚女王”科孚岛 (Corfu) 很明显受到了威尼斯人的影响，壮观的山体植被与光影夺目的大海形成了令人惊骇的对比，震撼着人们的视觉。享用出名的自制Pastitsada小吃，品尝著名的Koum Kouat利口酒，游客们徜徉在小巷中，通往城堡和庄园，感受那里浓郁的历史气息。

往南走来到Paxi和Antipaxi，这里是辽阔的爱奥尼亚蓝色大海中真正的绿洲，凭借它们多样的生物景观吸引着游客们。静谧的海港、神秘的海蚀洞和蜿蜒小巷在古希腊神话中为Poseidon和Amphitriti陷入爱河创造了美好的氛围。

在Lefkada继续旅程，开车可以轻松进入“内陆岛”。松树林和橄榄树林，激流而下的瀑布和汩汩流动的山泉吸引着所有的徒步游客。在品尝了Bourdeto、Cod Bianco和Maridopita (小鱼馅饼) 等鱼类美味后，这段旅程才不算遗憾。

进一步往南前进，游客们可以看到奥德修斯的出生地伊萨卡岛。在Aetos (鹰) 山脉的顶端游客们有机会探索名叫“奥德修斯宫殿”的古老城堡，周围的村庄景色成为背景。

短暂的小憩之后就是我们旅途的下一站——凯法利尼亚 (Kefalonia) 。独特的村庄、肥沃的土地、险峻的岩石和奇妙的海岸线描绘出这座岛屿的壮丽风景。Aenos国家公园内稀有的黑色冷杉品种极其迷人，从来没有让参观者失望。

南爱奥尼亚海清澈见底的海水中矗立的扎金索斯岛 (Zakynthos) ，被称为小夜曲和小歌剧之岛，这里的感情都在音符中呈现。"Levanter" 之花（东部花都）的山脉如田园诗般延伸到海岸。游客们会被Laganas海滩的水上公园紧紧地吸引住，这里居住着一种地中海特有品种的海龟，是最稀有的动物之一。

在爱奥尼亚海的自然之旅让人精神饱满、内心平静。

NO.7 色萨利

“从整个世界来看，最漂亮的地方莫过于希腊的色萨利区（Thessaly）了”。在希腊神话中，古都特尔斐的哲人们预测出了很多发生在色萨利区的事情，赛托尔和阿斯克勒庇俄斯地区至今仍然以其超乎寻常的美丽吸引着来自世界各地的旅游者。

色萨利区拥有丰富多彩的植物物种和美丽海滩，同时还拥有完备的旅游基础设施。而且，色萨利山能够满足人们的任何愿望，它给了那些热衷于极限运动的人理想的环境。不过，游客仍然可以通过徒步旅行穿越苹果林、枫树林以及枞树林。

散布于希腊爱琴海周围的传统村庄组成了皮利翁山（Pelion），它身处于郁郁葱葱的绿色森林中，这里有珍贵的稀有鸟类和哺乳动物品种。因坐落于希腊海滩附近，山顶并没有被白雪覆盖。作为希腊海拔最高的山峰以及希腊神话中诸神居住的地方，奥林匹斯山充满了阳光和激情。

参观色萨利区的村落会给人一种刺激的感官体验，从保存完好的居住环境到皮尼奥斯河（Pinios）河口，穿越风光秀丽的特姆比（Tembl）峡谷，到处都是美丽的火烈鸟。而特里卡拉区的象征是巨大的麦代欧拉（Meteora）岩石，这是一种天然的纪念碑，在那里已经屹立了几百万年。在那里，天地融为一体，从禅林向下喊话，语音直达人们的心田。

游客顺着用石头建造的小路向前走，通过希腊传统的小屋，能够真正受到居住在阿斯普罗波塔莫斯河（Aspropotamos）地区农民生活方式的启迪，那个地区包括八处惊心动魄的森林。在当地神话传说中，那些穿越森林的人能够在夜晚看到仙女们翩翩起舞。来到皮拉桥（Pyrra）上，凝望周围的壮丽环境时，潺潺流水声是人们辨别方向的唯一向导。

当旅行快要到达终点时，游客们会突然看到极富魅力的阿格拉法山脉，很久之后，游客仍然会对那里的生物圈以及巨大的普拉斯蒂拉（Pastira）湖念念不忘。人们都想知道特尔斐（Delphl）预言的真实情况，如果他决定到色萨利区旅行一趟，那么他将能够真正领略到那个预言的真谛。

NO.8 中希腊

距离雅典很近的中希腊（Central Greece），有许多让参观者叹为观止的娱乐活动：风景如画的广场；传统咖啡屋里有家庭自制的美食；现代化的滑雪胜地；清澈见底的海滩；神秘的村庄通向适宜开展各种越野活动的洞穴和森林——古典而精彩的旅程让游客们如入希腊神话中。

旅程从Fthiotida辖区开始。秋季来到“石板广场”，秋意正浓，思绪随枯黄落叶飘飞，深深融化其中。第一站到达Pavliani，一座总是让人感到愉悦的村庄；附近是Megali Kapsi和森林村庄，居民们在木质房屋里迎宾，巨大的壁炉颇具特色。在那里，游客们可以玩山地自行车、射箭和捕捉果蝠。在历史悠久的Mavrilo村庄，具有百年历史的Platan树林温和地拥抱到来的游客。

旅程继续在Fokida地区进行，游客们有机会去体验希腊国内最炫目的山峰——Iti。在海边的Galaxidi村庄落脚，这里用石块建成的房间与色彩缤纷的屋门窗户成为耀眼的风景。站在古老纪念碑前游客们会充满敬畏，因古都特尔斐被古代希腊人命名为“地球中心”。这里距离雅典很近，游客们在滑雪胜地Parnassos山挑战他们的胆量，最后在Arahova住宿，这座村庄的美妙难以用语言形容，各种观光产业设施还没有破坏当地的习俗。

作为雅典永远的地标，卫城是游览和娱乐的理想地点。穿过Plaka街道来到比雷埃夫斯（Mikrolimano），伴随着窗外的海上景色和活泼的希腊音乐小憩一会儿。想要逃离喧闹的城市生活的人们，前往Attica地区体验山川海洋之行或许会收获很多惊喜。Parnitha山和Kitheronas山游览区有众多可选择的活动让游客流连忘返；阿提卡海滨靛青色的海水与柔软沙滩让游客备感清新，为海边度假和水上运动等提供了更多的娱乐选择。

距离希腊首都不远，游客们会看到一座拥有显赫历史和传统的岛屿——SARONIKOS海湾附岛。一望无际的沙滩与独特的村庄让自然与人文交汇，并与古老的纪念碑一起形成了Salamina、Aegina、Angistri、Poros、Hydra和Spetses等引人入胜的风景。

NO.9 东马其顿和色雷斯

古遗址

来到东马其顿（East Macedonia）与色雷斯（Thrace）地区，游客们很难找到时代鲜明的考古遗址——它们在历史长河的进程中不断形成，就连史前遗址也在这里到处可见。

Sitagroi的史前遗址与德拉玛平原的Aggitis洞穴坐落于卡瓦拉岛Filippoi附近知名的Dikili Tash地区，这些遗址可以追溯到新石器时代，包括后铜器时代和前冶铁时代。这里重要的遗址有：

Paradimi的史前toumpa遗址；

马罗尼亚洞穴和Strymi的In-Dere峡谷洞穴；

埃夫罗斯的史前遗址和马克里洞穴；

Aghios Georgios Maroneias的史前卫城遗址；

厄尔尼加和佩尔洛瓦Aghios Georgios海滩；

Roussa村庄附近绘有岩石壁画的露天墓地遗址。

本区的沿海地区有许多古希腊殖民地的遗址，诸如Avdira、Messimvria-Zoni和马罗尼亚地区。而许多内陆地区还可以看到一些古代或拜占庭时代的遗迹。古塔索斯在Limenas的考古遗址和Alyki的位于岛东南部的考古遗址之一，以及Samothraki的神之圣所仅仅是这两个美丽的岛屿伟大的考古宝藏中的一些样品。游客还可以参观塔索斯岛和萨莫色雷斯岛保存完好的考古遗址。部分遗址如下：

坐落于卡瓦拉以北，保存完整的Filippoi遗址；

德拉玛Kali Vrysi地区的酒神狄俄尼索斯圣所；

克桑西西北部塞萨洛尼基州的Kalyva城堡和马其顿公墓；

坐落于科莫蒂尼以西的Anastasioupolis和Maximianoupolis古城；

曾隶属于科莫蒂尼西北部Papikio山区的修道院遗址；

科莫蒂尼以北Symbola的马其顿公墓；

科莫蒂尼东北部的Gratsianou古村落；

亚历山德鲁波利斯以东的Traianoupolis与Didymoteicho古城；

亚历山德鲁波利斯以北的Avantas和Pythios城堡；

以及古遗址Mirki Doxipara公墓等。

传统民居

土耳其人占领期间，马其顿和色雷斯城镇中心的建筑吸收了带有奥斯曼帝国文化的风格。本地的领主宅邸在细节上呈现更多特色，有些带有巴尔干半岛风格，例如入口处的山形墙或拱形脊、护墙板和前柱式构造等。

随着19世纪欧洲贸易活动的兴起，逐渐形成了组织贸易协会，马其顿和色雷斯的城市人口增长让社会及金融领域发生改变，精致的建筑在这一时期出现。这些建筑由伊庇鲁斯或君士坦丁堡的手工匠人依照当地传统建筑风格建成，并随着时间的流逝，越来越受到欧洲建筑风格的影响。

希腊北部传统民居的共同特征和精髓是带屋顶的走廊，Hagiati是希腊人家庭每日活动的场所。主要特征是：

平原地区的村庄采用木质建筑；半山或山区则采用石块作为建筑材料。

石头建筑用砂浆做基础，用木质支架加固，经常用于建造第一层，很少用作二层。

留下的建筑主体、地板、楼梯和支架都是用木头建造；屋顶、山形墙或四斜墙都是用木头建造，用石灰岩或瓷砖覆盖。

遗迹主体的孔洞用柱基、瓦块和干草填充，以便让二层的墙更轻，然后再用石灰岩浆覆盖。

隔墙几乎全部用金属板条建造，再涂上一层涂料。通常顶楼会建成封闭的木质阳台（称之为sahnisia）从房墙伸出，由一层的石头墙和补充支架做支撑。

通常Sahnisi有两个或三个窗户，分别称为“双窗”或“三窗”。如今，基于这种建造风格的现代宅邸还可以在很多地方见到，诸如德拉玛地区的如下村庄：Pagoneri, Lefkogeia, Perithori, Kato Nevrokopi, Granitis, Kali Vrysi, Kallithea, Kokkinogeia, Prosotsani, Nikiforo, Psili Rachi, Teichos, Kapnofyto, Tholo, Prasinada, Krini 和Sterna。游客也可以欣赏到卡瓦拉城Panaghia区的卓越非凡的传统民居，位于Nikisiani、Mesoropi和Mousthenis的Eleftheroupoli聚集区遗迹，还有Thassos、Kazaviti、Panaghia和Theologos的魅力传统民宅。

而且，这些传统民居也可以在更古老的克桑西古城以及附近的Genisea、Stavroupoli、Echinos、Kimmeria、Avdira和Chrysa村庄看到。除此之外，Komotini、Maroneia、Gratini和Iasmos(Rodopi)、Didymoteicho、Soufli都有这种传统的可可尼房屋，Metaxades地区的石灰岩覆盖的房屋和埃维亚州乔拉的传统民居都值得一游。这里有最美丽的领主宅邸，昭显着流金岁月，这些建筑也体现了当时社会繁荣发展的经济和文化发展水平。

克桑西地区的Echinos和罗德匹地区的Kechros的传统山区民居更显趣味。在这里您可以参观用石头或者砖木结构的两层房屋。屋顶覆盖有用当地自然建筑材料制成的瓷砖。

NO.10 马其顿

马其顿大区 (Macedonia) 位于希腊北部，与保加利亚和前南斯拉夫共和国接壤。其首府塞萨洛尼基是希腊第二大城市，也是希腊北部和整个巴尔干地区最大的货运码头和重要航空港。

步入马其顿，映入眼帘的是由原始自然风貌、崎岖小路和田园诗画般的村庄组成的独特风景。典型的希腊海岸线连同湖泊、山川和森林，以及多样的动植物群落一起组成了马其顿王国完美有序的生态系统。

旅途从Nestos河流开始，其清澈见底的河水蜿蜒流过深远的峡谷，这里神奇的水生自然保护区等待着人们来发掘。所有的游客都被这窒息般的静谧环境所吸引，路上偶尔会听到几声令人陶醉的鸟鸣。在周边旅行，游客们将被不断变化的风景所吸引，平静的湖水与险峻的山峰交映成辉。

马其顿几乎是封闭的净土，与喧嚣热闹的城市极其不同的是仅仅散落几个小村庄，一个叫Nympheo的村庄颇具代表性，其与众不同的特色建筑与大自然的壮丽和谐地融为一体。

对于那些喜欢其他旅行方式的游客来说，在Kaimaktsalan、Vassilitas、Vermio和Verno山脉中有多个滑雪胜地，并可与Kerkin湖或Edessa瀑布的观光路线结合起来。生态旅游爱好者会发现这里非常靠近农业区，参观并体验当地特色产品的生产，比如上等葡萄酒和多种风味的干酪等。除此之外，来自Xino Nero村庄独一无二的天然酸性矿泉水，从来没有让参观者们失望。

在Prespes湖泊地区欣赏鸟类，游客们可以登上Agios Ahilios小岛，岛上一座小教堂让这里的气氛呈现绝对仪式感。在Kastoria，游客们可以在眺望湖泊时享用当地的美食，全年美景不打烊。许多当地的风俗重现活力，像是古老的传统—— "Ragoutsaria" 化装舞会，再加上现代音乐节“河流聚会”，组成了这座城市多样文化特征的一小部分。

通过所有令人惊艳的精选路线，游客们都可到达所选的目的地，期间有大自然的美景相伴，在传统的咖啡屋中小憩，与好客的当地居民聊天，放松身心享用希腊北部特色美食，让这段旅程成为永生难忘的体验。

美食!10大人气魅力平民餐馆!

餐馆

1 Psara’s

Psara’s是雅典最受欢迎的饭店之一，位于卫城北侧。这家饭店的装饰朴素典雅，内部装饰着木条和石砖，和谐静谧。美食不仅有当日的新鲜水产、白酒烤鸡，还有希腊千层面等传统美食，能够满足不同口味的食客需求。

餐馆

2 Fiscardo

Fiscardo港口沿岸全是咖啡馆和餐厅，海景无敌，这里有一些家族经营的家庭式餐厅，能品尝到非常正宗的凯法利尼亚传统菜肴，包括各种派、海鲜、炸鱼丸、土豆烧野兔等。

餐馆

3 Diles

Diles是家优雅好客的餐馆，在浪漫唯美的烛光下用餐十分舒适惬意。食物美味有特色，餐厅旁边是游泳池，缓缓流入耳朵里的背景音乐为20世纪60年代的爵士乐、曼博乐等经典音乐。这里菜式齐全，明码标价，性价比高。

餐馆

4 阿拉夫

阿拉夫是浪漫的花园餐厅，在花园餐厅里冬季有壁炉，夏季露天用餐。这里的菜肴美味传统，有米克诺斯奶酪肉馅饼、龙虾煨饭等，加上舒适的包厢、热情周到的服务，成为了受人追捧的餐厅，情侣可以在这里享受一次甜蜜浪漫的用餐哦。

餐馆

5 Volcano Blue

在Volcano Blue餐厅可以看到海景。这家餐厅获得2014年卓越奖CERTIFICATE OF EXCELLENCE，是费拉小镇排名TOP 30里的餐厅，被誉为景观餐厅。美味的海鲜令人大快朵颐，无可挑剔的海景令人舒适惬意。黄昏在这里用餐，坐等落日的余晖洒在脸上，多么令人陶醉！

餐馆

6 Klimataria

如果你来到剧院广场，就在中央市场和Varvakios，你会发现一家名为klimatatria的传统小酒馆。 Klimataria自1927年开店以来经久不衰，是一家享受正宗菜肴和地方风味小吃的经典酒馆，也是希腊著名的酒馆之一。 菜单内容很丰富，包括巨大的鱼类和肉类菜肴，有独特的葡萄酒配餐和特别的甜点。在一些晚上和重要的场合，还有现场音乐表演。

餐馆

7 Nikolas

Nikolas位于圣托里尼，这家餐厅最大的特点就是当地美食，经济实惠量很大，以朴实美味闻名！自家酿的葡萄酒甘甜美味，非常好喝。这里的Mousaka，品相非常诱人，橘红色的浇汁上面撒着细碎的奶白色芝士粉。烤鸡肉、海鲜意面、炸西红柿饼等诸多美食大受欢迎。

餐馆

8 Vassilenas

这家餐厅成立于1920年，据说是雅典和皮瑞斯港历史最悠久的餐厅之一。同时，它现在也是雅典口碑最好的餐厅之一。餐厅主营地道的希腊菜和地中海菜式，食材新鲜，味道非常好。特别要尝试海鲜，比如烤鱼之类，非常新鲜。

餐馆

9 OROSCOPO

OROSCOPO餐厅是雅典人气排名前三位的餐厅，餐厅在一个公共花园里，提供露天座位和室内座位。餐厅服务和菜品被人们津津乐道，服务员会关注每位顾客的需求和反馈，随时提供贴心的服务。主要经营希腊菜、地中海美食、意大利披萨和意粉，味道正宗美味。餐厅还会提供一些优惠，比如赠送蘑菇汤和甜品等。

餐馆

10 I Kriti

I Kriti餐厅是一家当地人很追捧的私房菜餐厅，有独特的家传菜式，味道好，价格实惠。餐厅提供的一道前菜是其主厨继承岳母家的祖传秘方用香藤叶做的，特别美味。这里的希腊鱼子泥色拉非常地道正宗，属于家庭私房自制。平底锅羊腿和猪肉的肉质非常滑嫩。甜品可以尝一下自制的希腊酸奶、蜜糖雪梨泥。

购物！买平货10大潮流地！

买平货

1 蒙纳斯提拉基广场

从宪法广场往西，Ermou路或Mitpropoleos路有很多皮革店和服装店，当然蒙纳斯提拉基广场最有名的是跳蚤市场，各种二手的货物堆满在狭窄的街道上，只要是你想得到的东西，小至各种机械零件大至古董家具都可在此买到，喜欢二手货的人可花半天时间在此好好寻宝一番，但别忘了砍价。

2 买平货 普拉卡

雅典的首饰大都是当地的工匠手工制作的,白银镶嵌品和玳瑁首饰是由Loannina和Epiros出产的。你不必走遍全希腊就能买到各地不同风俗文化的纪念品，在雅典旧市区普拉卡(Plaka)不但能买到种类、样式齐全的纪念品，而且价格低廉，有时比产地还要便宜呢。普拉卡区范围很大，商店非常多，所以需要多花些时间好好地比较一番。

3 买平货 奥林匹亚

在奥林匹亚参观了博物馆后可以购买手工制作的仿博物馆藏品陶器，还有金属制品、民俗娃娃、皮革制品、天然海绵、橄榄皂等。别忘了，在这里，您可以买到世界闻名的珠宝饰品。

4 买平货 欧摩尼亚广场

欧摩尼亚广场以南连接宪法广场的Stadiou街，是雅典主要的街道之一，是新式的街道，戏院、百货公司和许多商店都在这条街上。而另一条Athinas街通往罗马市集遗迹阿哥拉(Roman Agora)，属于旧式的街道，沿路可见商店贩卖居家日用品和宗教用品。沿着Athinas街会经过中央市场，贩卖各种新鲜的水果蔬菜，也有餐厅出售便宜且分量充足的餐点。

买平货

5 圣托里尼岛

圣托里尼岛的费拉零售区内，可以买到Armani、Versace、Timberland和Reef等品牌的商品。这里也有大批的珠宝和黄金出售，但是价格很贵。火山区特有的土质和气候使这里成为最适宜种植葡萄的地区之一。拉吉酒(Raki，一种希腊饭后酒)是火山爆发的产物。当地产的西红柿值得一尝，你一定会觉得这是你吃过的最美味的西红柿。

买平货

6 雅典中央市场

雅典中央市场是一个超大型的菜市场，在雅典享有盛誉，其规模在整个希腊都是首屈一指。雅典中央市场历史悠久，有许多建筑是100多年前建造的，有着“现代阿哥拉”的美誉。这里的大型建筑里出售海鲜、肉类食品，露天市场则出售瓜果、蔬菜等，商品物美价廉，新鲜美味。

买平货

7 米克诺斯岛

米克诺斯岛上有很多用石膏制作的可挂在墙上的饰品，一般价格较便宜，还有一些名家制作的饰品，购买时会附有证书，但价格很贵。还可以购买“幸运眼”作为纪念品，“幸运眼”用蓝色玻璃制成，据说可以带来好运。

买平货

8 伯罗奔尼撒半岛

伯罗奔尼撒半岛上随处可见手工艺品商店，这些工艺品都复制自博物馆藏品，吸引了大量的游客，此外还有金属制品、民俗娃娃、皮革制品、天然海绵、橄榄皂等。不过，这里最出名的要数珠宝首饰，这些珠宝首饰大多为手工制作，历史悠久，古希腊文明的精华凝结于此，让人爱不释手。

买平货

9 爱琴海购物

爱琴海有得天独厚的气候条件，这里的葡萄酒享誉全球。爱琴海的西红柿令人印象深刻，凡是尝过的人都说这里的西红柿是一生中吃过最美味的西红柿。克里特岛的橄榄油是世界屈指可数的一流橄榄油，稀少的产量和优良的质量令人们趋之若鹜，大为追捧。

买平货

10 哈尼亚市场

哈尼亚市场是克里特岛的第二大城市，在哈尼亚最热闹的Skalidi大街有一座大市场，出售各种食物，还有日常用品和纪念品等。这里的当地特产尤为丰富，橄榄油、杏仁、花生果格外受人青睐。在市场后面还有一处皮件街，皮革制品种类丰富。

J 带回家！特色伴手好礼！

纪念品

1 金银珠宝

风格独特的金银珠宝首饰，是雅典的特色产品，具有强烈的希腊古典主义韵味，有的造型就是直接来自于古希腊出土文物上面的图案。这些首饰大都为当地工匠手工制作。在Syntagma和Kolonaki的珠宝店里，还有很多博物馆藏品的复制品，值得一买。

纪念品

2 羊皮制品

希腊的羊皮非常有名，皮革货真价实，皮包、皮带、皮鞋、凉鞋、皮衣等样式简单而且价格实惠，是不错的选择。手工织的纯羊毛地毯、针织品价格较欧洲其他国家便宜，唯一的缺点是太重，不易携带。

纪念品

3 雕塑品

希腊神话题材的雕塑品，是希腊最值得购买的旅游纪念品之一。希腊的雕塑工艺品独具一格，而且有着当地的风情，当地人所做的传统工艺品种类丰富多样，令人眼花缭乱、目不暇接，游客一般不会空手而归。

纪念品

4 橄榄油

橄榄油在地中海沿岸国家有几千年的历史，在西方被誉为“液体黄金”、“植物油皇后”、“地中海甘露”，原因就在于其极佳的天然保健功效、美容功效和理想的烹调用途。可供食用的高档橄榄油是用初熟或成熟的油橄榄鲜果通过物理冷压榨工艺提取的天然果油汁，是世界上唯一以自然状态的形式供人类食用的木本植物油。

纪念品

5 OXETTE

希腊时尚品牌——OXFTTF（欧克赛特），在时尚界素来都有“希腊女神”的称号，大部分首饰都是以925纯银为基础，设计上以南非的天然宝石为点缀。因为它是一个国际化的大品牌，所以设计师队伍当中有法国、意大利等地的知名设计师。OXETTE品牌的首饰可谓设计新颖、造型时尚，并且每年推陈出新的速度非常快。

纪念品

6 FOLLI FOLLIE

FOLLI FOLLIE（芙丽芙丽）这个品牌源于希腊，是现在国际上40岁以下女士最喜爱和推崇的品牌之一，其主要产品——手表、首饰和皮包，代表着时尚与品位，又不能完全属于奢华的范围内。就好比一位风韵的少妇，典雅高贵但并不失平易和朴实。

纪念品

7 Feta奶酪

Feta奶酪原产于希腊，以羊乳作为原料制作，是希腊有名的乳酪之一。因为在乳清和盐水中发酵，其又称为盐水乳酪，营养丰富，已经成为希腊的代名词。Feta奶酪的乳脂肪含量一般为40%~50%，色泽乳白，质地柔软，有咸味，常用于开胃菜的制作，也可用于沙拉或是用于橄榄油调制成调味汁。

纪念品

8 明信片

希腊的明信片价格便宜、制作精美，每一张都记录着希腊美丽的风景或者是古老的神话。明信片用来收藏或者记录旅行的点滴感受，绝对是带回家的不二选择。雅典就有种类齐全的明信片，无需大费周章去他处购买。

纪念品

9 葡萄酒

希腊是葡萄酒的发源地。希腊的葡萄酒味道醇香而甜美，是希腊最出色的特产之一。圣托里尼是希腊最大的葡萄酒产地，火山区特有的土质和气候使这里成为最适宜种植葡萄的地区之一。除了餐后甜白葡萄酒、艾丹妮红酒、较为罕见的尼塔丽等外，还有松香葡萄酒（retsina）、麝香葡萄酒（muscats）等最正宗的葡萄酒。

纪念品

10 蜂窝海藻棉

蜂窝海藻棉由地中海天然海藻制成，可以用来洗脸或沐浴，各类尺寸齐全，适合大人或宝宝使用。干燥的时候硬度极强，遇水以后就柔软无比，沐浴液挤在海藻棉上会起很多泡沫，舒服宜人。天然的海藻本身对皮肤也很好。

帕特农神殿+胜利女神殿+伊拉克里翁神殿+迪奥尼索斯剧场+新卫城博物馆+哈德良图书馆+无名战士纪念碑+哈德良拱门+雅典竞技场+奥林匹亚宙斯神殿

地处雅典卫城最高点的帕特农神殿是一座宏伟的希腊神殿建筑，代表了古希腊文明和建筑艺术的最高成就，同时也是雅典乃至希腊的标志。位于雅典卫城陡峭山坡上的胜利女神殿又被称为“无翼胜利女神殿”，因殿内有一尊手执盾牌的胜利女神像而得名。建于公元前395年的伊拉克里翁神殿是古希腊建筑美学的经典之作，神殿内6根大理石雕刻而成的少女像柱代替石柱顶起石顶，浑然天成的和谐美感令人赞叹。迪奥尼索斯剧场建于公元前6世纪，可容纳超过17000名观众，是世界上现存最古老的露天剧场，充满历史厚重感。新卫城博物馆建于2007年，其建筑风格融古朴典雅和现代设计于一体，游人除了可以参观众多的古希腊文物，还可以从博物馆内透过玻璃外墙观赏雅典卫城。气势宏伟的哈德良图书馆是罗马五贤帝之一哈德良大帝当政时建立的，建筑将罗马风格与雅典风格巧妙融合，蔚为壮观。庄严肃穆的无名战士纪念碑是雅典最著名的近代建筑之一，每天都会在这里举行卫兵换岗仪式。罗马皇帝哈德良曾修建了众多凯旋门纪念自己的功绩，其中建于131年的哈德良拱门外观精美，是古罗马全盛时代的标志。建于17世纪末的雅典竞技场气势宏伟，1896年第一届现代奥运会就在这里举办，成为现代奥运会的起点。奥林匹亚宙斯神殿始建于公元前470年，神殿内曾经安放有一尊巨大的宙斯神像，被誉为世界七大奇迹之一，宙斯神殿是古希腊最宏伟的建筑。

国家考古博物馆+雅典学院+国家历史博物馆+雅典市立博物馆+利卡维多斯山丘+贝纳基博物馆+拜占庭博物馆

国家考古博物馆收藏有数万件珍贵的古希腊文物，浓缩了古希腊的文化与历史，是希腊最重要的博物馆之一。雅典学院建于19世纪，是希腊近代建筑的代表作，同时充满浓郁的古希腊特色。国家历史博物馆前身曾经是希腊的临时王宫与国会大厦，博物馆内收藏了大量的古希腊文物，是雅典最大的博物馆之一。雅典市立博物馆曾是希腊国王奥托一世的临时王宫，博物馆内展示了大量的国王私人物品和精美艺术品。海拔273米的利卡维多斯山丘是雅典的制高点，除了远眺雅典的城市风光，山丘上还遍布众多酒吧、餐厅、咖啡厅，是约会休闲的好去处。由富商安东尼 · 贝纳基创办的贝纳基博物馆是希腊最大的私人博物馆，主要收藏有地中海沿岸国家和地区的数万件珍贵文物。拜占庭博物馆位于一座佛罗伦萨式别墅内，收藏有拜占庭帝国的众多文物、艺术品。

DAY 3

苏尼奥+海神殿+达芙妮修道院+德尔菲阿波罗圣域+雅典娜圣域+体育训练场+德尔菲考古博物馆

位于巴尔干半岛最南端的苏尼奥海岬是希腊知名的观海景点，这处风光迷人的海岬同时还是希腊神话中雅典娜和波塞冬争夺雅典控制权的地方。海神殿位于苏尼奥海角边，是古雅典人祈求海战胜利的神殿。建于6世纪的达芙妮修道院前身是阿波罗神殿，修道院内精美的镶嵌画堪称拜占庭中期艺术的典范。德尔菲阿波罗圣域在古希腊时代曾经被认为是大地的中心，被称为“大地的肚脐”，并修建有气势雄伟的阿波罗神殿。雅典娜圣域毗邻阿波罗神殿，又被称为雅典娜普洛纳亚圣殿。体育训练场是阿波罗圣域的重要组成部分，主要包括一条直线长跑道和一个圆形浴池，是古希腊参加各种竞技活动的运动员训练热身的运动场。德尔菲考古博物馆创立于1903年，馆内收藏展示有大量从阿波罗圣域出土的文物，同时还有当时阿波罗圣域的复原图。

古科林斯+科林斯运河+迈锡尼遗迹+纳普良宪法广场+埃皮道洛斯遗迹

古科林斯曾经是伯罗奔尼撒半岛最重要的城邦国之一，现今依旧有众多古老的遗迹供游人参观。科林斯运河建于公元67年，当时的罗马皇帝尼禄还亲自在运河工地挖掘了第一铲土，是世界上开凿最深的运河。迈锡尼被誉为是古希腊文明的发源地，《荷马史诗》中那场史诗般的特洛伊战争就是因为迈锡尼而起，现今迈锡尼遗迹仅存残垣断壁，充满厚重的历史感。纳普良宪法广场位于纳普良旧城区中心，四周遍布咖啡馆和餐厅，是休闲逛街的好去处。埃皮道洛斯遗迹是祭祀医神阿斯克列皮亚斯的圣地，在古希腊时代是最重要的医疗圣地，每年的7月底到8月都会举行盛大的埃皮道洛斯庆典。

摩尼瓦西亚古城+古斯巴达遗迹+米斯特拉遗迹+列奥尼达王圣域+奥林匹亚考古遗迹+奥林匹亚考古博物馆

摩尼瓦西亚地处离伯罗奔尼撒半岛不远的小岛上，是一座历史悠久的要塞城市，小城内气氛宁静祥和，古老的城门、城墙和教堂都令人印象深刻。崇尚勇武之风的古斯巴达是南伯罗奔尼撒最有名的城邦，现今只剩下散落在小城四处的石墙或建筑遗址，令人唏嘘不已。建在山坡上的米斯特拉遗迹是一座古代的拜占庭城市，拥有城堡、帝王宫殿、贵族的住宅、几座修道院，以及圣索菲亚大教堂等建筑。列奥尼达相传是古斯巴达最著名的国王，曾经率领300勇士在温泉关对抗波斯大军，列奥尼达王雕像所在地被称为“列奥尼达王圣域”。奥林匹亚考古遗迹地处伯罗奔尼撒半岛西部山谷中，在公元前10世纪曾经是祭祀宙斯的中心，是传说中众神居住的地方，同时这里也是古代奥运会的举办地，现今历届奥运圣火也在这里采集。奥林匹亚考古博物馆建于19世纪，博物馆内展示有大量珍贵文物，是希腊的第一个考古博物馆。

DAY 6

罗德市土耳其澡堂+伊波克拉特斯广场+骑士军团街+骑士团长宫殿

罗德市土耳其澡堂是一处提供正宗土耳其浴服务的浴室，其建筑外观为传统的土耳其式建筑，是体验土耳其浴的首选。位于罗德岛市中心的伊波克拉特斯广场是这座城市最繁华的地方，同时也是旧城区的地标式景点，围绕广场正中的喷泉建有大量咖啡馆、餐厅和纪念品商店。骑士军团街是中世纪时医院骑士团曾经驻扎的地方，沿街的建筑大门上都镶嵌有大理石镌刻而成的骑士家徽，充满浓郁的中世纪风情。骑士团长宫殿是一幢雄伟坚固的中世纪堡垒建筑，现今被辟为展示与医院骑士团相关文物的博物馆。

DAY 7

伊拉克里翁考古博物馆+克诺索斯王宫+米克诺斯岛Akti Kambani路+爱琴海海事博物馆

伊拉克里翁考古博物馆收藏有大量珍贵的米诺安文明出土文物，是希腊最重要的博物馆之一。克诺索斯王宫是古希腊神话中吃人的米诺陶诺斯居住的地方，虽然仅存残垣断壁，但依旧可以感受到王宫曾经的恢弘气势。频临海湾的Akti Kambani路沿街林立着外观典雅的白色民居，和石板路一同营造出浓郁的希腊风情。爱琴海海事博物馆开放于1985年，游人在这里可以了解希腊航运的历史。

狄洛斯岛+伊德拉岛+爱琴娜岛

希腊神话中太阳神阿波罗诞生的狄洛斯岛曾建有祭祀阿波罗的圣地，在古罗马时代则是意大利、埃及、中亚等地商人们聚集的一处自由贸易中心，岛上建有大量精美的商人住宅。伊德拉岛是一处保持着古老生活方式的小岛，其优美的自然风光吸引了很多艺术家在这里寻找创作灵感，素有“艺术家之岛”的美称。爱琴娜岛是距离雅典最近的一个岛屿，在古代曾经爆发了无数次战争，现今这里依旧有大量古代遗迹和希腊古典时代后期的经典建筑供游人参观。

GREECE GUIDE

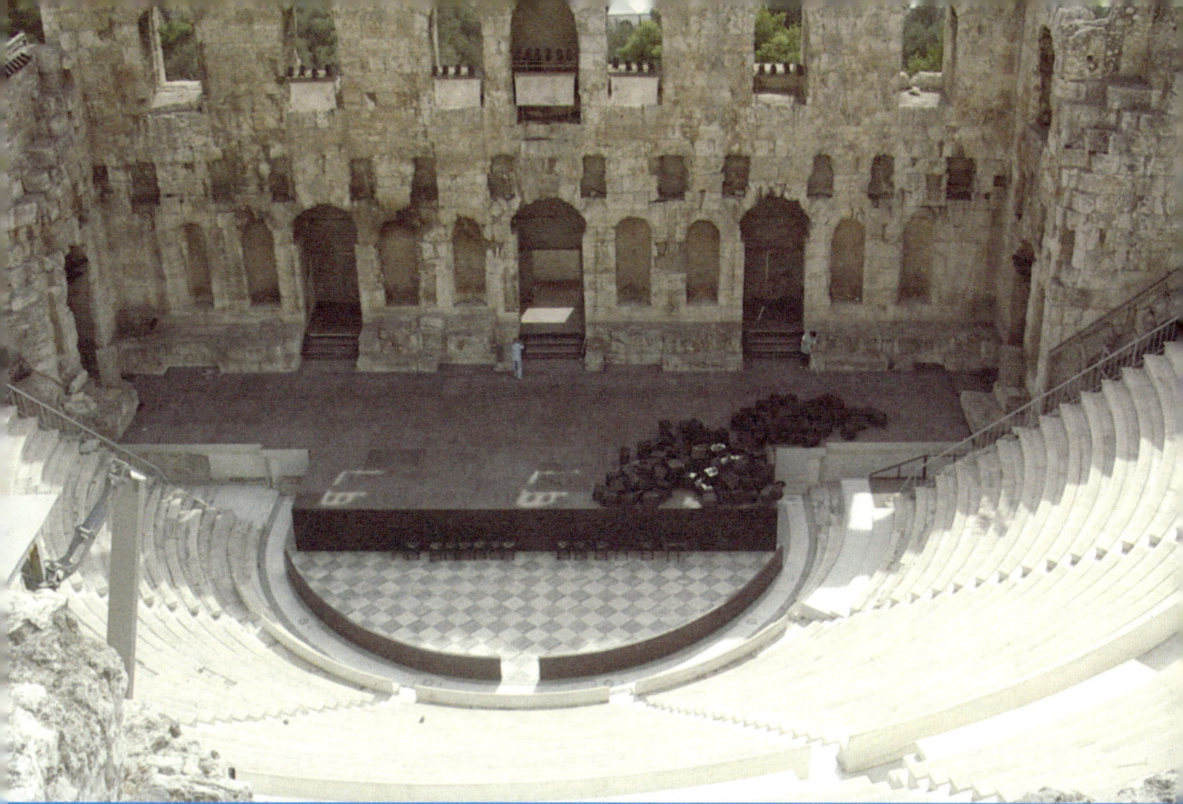

greece

畅游希腊

1

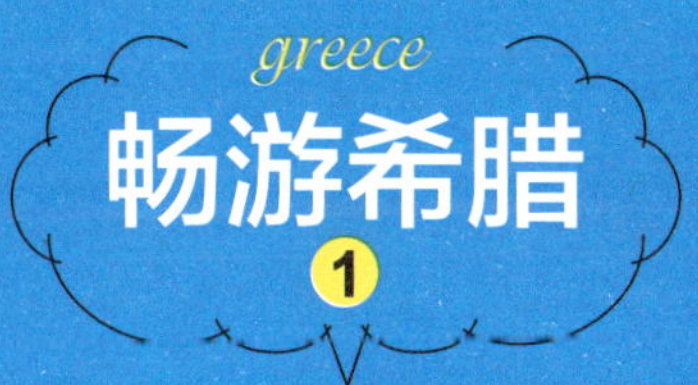

雅典·卫城

雅典卫城就好像神话故事中的众神乐园一般，在残垣断壁间显露出神圣的氛围，无论是帕特农神殿还是宙斯神殿都被誉为世界奇迹。因此雅典的各大博物馆成为热衷巡游历史的人们最喜欢的地方，珍藏了不少稀世珍宝。雅典开放的学术氛围也造就了不少科学和哲学大师，包括大悲剧家欧里庇德斯，大喜剧家阿里斯托芬，哲学家苏格拉底、柏拉图、亚里士多德，历史学家希罗多德等都在这里诞生或居住过。而追寻这些人的踪迹也成为来到雅典旅游的一大目的。

01 雅典卫城

赏

爱琴海文明的中心

位于爱琴海畔的雅典卫城，代表了人类文明史上的一个黄金时代。这里是整个西方文明的原点，每一寸土地，每一块巨岩，都镌刻着深沉的智慧、岁月的流金。不同于后期欧洲巴洛克式建筑的奢靡与浮华，雅典卫城的建筑风格端严浩荡，简洁清通，完美地诠释了何为“高贵的单纯，静穆的伟大”。往事越千年，漫步于雅典卫城之中，仿佛依然可以感受到那个伟大时代的流光片影：帕特农神殿前虔诚地祭祀，亚里士多德在橄榄树下安静地深思，迪奥尼索斯剧场里上演着最早的悲喜剧，成群结队的市民们在胜利女神殿前慷慨陈词。

TIPS

☎210-9238175 ¥12欧元 乘地铁2号线在Akropoli站下 ★★★★★

看点01 伯雷门

雅典卫城朝圣的起点

伯雷门建造于公元5世纪，日本漫画《圣斗士星矢》里黄金十二宫的宫门原型正是这里。伯雷门是通往雅典卫城的神殿，来到这里，你就站到了这次朝圣旅程的起点。伯雷门分北翼、南翼，以及中央楼六根多利亚式列柱三部分，庄严雄伟的多利亚式列柱和优雅迷人的爱奥尼亚式列柱穿插其中，体现了古希腊人的哲学观和严谨的科学成就。北翼的建筑中有古希腊著名画家霍里克勒特斯的画，展现了古希腊人追求神性之外的独立、人性、自由。整个伯雷门呈现出一种平静、安宁的平衡。

看点02 山门

文明的沧桑与厚重的见证者

山门是卫城真正的入口，往昔庄严雄浑的宫殿建筑，如今仅剩五个门柱。站在多利亚式列柱和爱奥尼亚式列柱的断壁残垣前，依稀可以感受它们当年精雕细琢而又大气磅礴的风采。正是这样的一座山门，以及站在这座山门背后的学者，在那个年代，力抗希腊城邦中的另一颗明星——斯巴达，成为了希腊城邦中无可争议的霸主。正是这样一座山门，留下了长跑能手斐里庇得斯最后的英姿，成为马拉松长跑的起源。雅典山门记录了太多关于这个文明的沧桑与厚重。

看点03 迪奥尼索斯剧场

希腊建筑群的代表作

迪奥尼索斯剧场是现今世界上最古老的露天剧场，它始建于公元前6世纪，可以容纳17000名观众观看演出，至今仍然作为夏季露天音乐会和戏剧表演的场所。古希腊时期在剧场欣赏戏剧表演，是民众们主要的娱乐生活方式。位于卫城之内的这个剧场是雅典城邦时期最好的剧场之一，曾经上演过无数场埃斯库罗斯、索福克勒斯和欧里庇得斯的悲剧作品及阿里斯托芬的喜剧作品。迪奥尼索斯剧场典雅大方，石柱上、墙壁上留下了岁月洗礼的痕迹。

看点 04

胜利女神殿

象征智慧与坚强的古希腊神殿

这座神殿位于山门右侧，是居住在雅典的多利亚人与爱奥尼亚人共同创造的建筑艺术的结晶。在爱奥尼亚式列柱内，有一尊没有翅膀的雅典娜神像，体现了雅典人对胜利的渴望，他们故意将胜利女神的翅膀切下，希望能留住胜利的荣光。千年后，我们早已不再探索故事的本身，人类的文明依然是在战争的洗礼中艰难前行。

看点05 伊拉克里翁神殿

象征智慧与坚强的古希腊神殿

位于山门后的伊拉克里翁神殿，建于公元前395年（又一说为公元前421年—前405年），6根大理石雕刻而成的少女像柱代替石柱顶起石顶，这6位美丽的少女，头顶重压但又悠然自得，可谓是古希腊建筑美学的经典之作。整个伊拉克里翁神殿内部打破了传统的对称结构，不规则却又协调无比，浑然天成，体现了希腊人强调和谐、节制，善于平衡的特点。传说这里是雅典娜女神和海神波塞冬为争做雅典保护神而争斗的地方，我们很庆幸最后的胜利者是雅典娜，就如另一个著名的希腊神话故事《金苹果》中这位伟大女神所说的那样："我不能给你财富和权力，也不能给你倾国倾城的美女，我能给你的只有智慧与坚强。"

看点06 帕特农神殿

人类文明的艺术结晶

这座巍峨的长方形建筑，坐落在雅典卫城中心的最高点上，是整个希腊建筑艺术最高水平的体现，不但继承了传统的黄金分割比例模式，更是在传统的基础上大胆创新了立柱型的多立克式。这座绝美的神殿吸引人的不仅仅是建筑模式，也包括宏伟生动的雕像、简单庄重的内部结构以及鬼斧神工的浮雕。当我们站在这座卫城的最高点上，无论是俯视、平视还是仰望，仿佛数千年前帕那太耐节热闹的景象又浮现在眼前。人们依然可以感受到和平似乎并没有离我们远去，雅典娜恬静安详的笑容依然在给世人传递着和平的美好、智慧的坚韧。

看点 07

海罗德斯阿提卡斯音乐厅

古希腊音乐文明的礼赞

位于卫城入口南侧的海罗德斯阿提卡斯音乐厅建于罗马时代，是可容纳6000多人的户外剧场，与纯正的希腊风格所不同的是，这座缪斯女神的神殿原本是有顶盖的。从古希腊到古罗马，这也许是社会与文明的一种进步，但是这栋建筑在格局上终归比古希腊人天人合一的理念略逊一筹。现在依然有夏季音乐会在这个三层的半圆形剧场中举行，卡拉扬、小泽征尔等世界级大师都用音乐在这里完成了对古希腊伟大文明的礼赞。

02 新卫城博物馆

赏

古老城区中的现代建筑

新卫城博物馆是古迹众多的卫城中唯一的一座现代化展馆，但它的设计风格古朴典雅，用最先进的现代建筑技术还原了一座朴素而精湛的古希腊建筑。这座博物馆采用了巨大的落地玻璃窗作为外墙，让来到这里的游人能够看到卫城的各处景观。柔和的自然光线透过玻璃射入博物馆内，给陈列其间的帕特农神殿外墙雕塑和其他艺术品披上了质朴的光辉。新卫城博物馆里收集了众多古希腊时期的文物，展现这座城市曾拥有的繁华景象和源远流长的历史文化，游人在这里就好像漫步在卫城中一样，仿佛有一种时光交错的感觉。

15 Dionysiou Areopagitou Street 210-9000900 5欧元 乘地铁2号线在Akropoli站下 ★★★★★

＊ 帕特农展厅

曾经的世界七大奇迹之一

帕特农展厅陈列着古希腊帕特农神殿遗留下的残骸，该神殿曾被誉为世界七大奇迹之一，现在只留下残垣断壁供人凭吊。这里的主要景观曾是一座雄伟高大的雅典娜女神像，由象牙制成，表面贴满了黄金，还用钻石作为装饰，可惜该神像在土耳其攻占雅典后就消失不见了。帕特农神殿原本还有很多精美的浮雕和石柱，但大都被英国侵略者掠夺到了大英博物馆中。漫步在展厅里仍能看到不少珍贵的物品，那些不同时代的珍宝让参观者感到不虚此行。

03 Psara’s 吃

雅典的著名餐厅

Psara’s是雅典最受欢迎的餐厅之一，它坐落在卫城北侧的阶梯上，位于两条道路的交叉口处，自营业以来就备受好评，好莱坞女星费雯丽和伊丽莎白·泰勒都曾在此品尝美味。这家餐厅的装饰并不豪华，朴素典雅，因此外地游客常常过门而不入，错过了品尝美食的机会。餐厅的内部装饰着木条和石砖，典雅大方，所出售的食品不仅有当日的新鲜水产，还有白酒烤鸡、希腊千层面等传统美食，能够满足不同口味的食客需求。

TIPS

16 Erehtehos&Erotokritou Str. 210-3218733 乘地铁2、3号线在Syntagma站下 ★★★★★

04 希腊传统乐器博物馆

赏

体现音乐魅力的展馆

希腊传统乐器博物馆深藏于雅典的巷道之中，如果不仔细寻找的话，常会错过这个景点。这里陈列着从古希腊时代到现在的各种民间乐器，让游客们了解到希腊乐器的演变历史。有趣的是，希腊传统乐器博物馆的每个展品旁边都有耳机，不间断地播放该乐器演奏的音乐，让参观者更加了解这种乐器的演奏特点。值得一提的是，这里还有土耳其和斯拉夫等民族的传统乐器，这也象征着希腊的多元文化历史。

TIPS

Pelopida&Eolou Street 乘地铁1号线在Monastiraki站下

★★★★★

05 古罗马市集

雅典的著名市集

Pelopida&Eolou Street 乘地铁1号线在Monastiraki站下 ★★★★★

古罗马市集位于卫城之外，根据现有资料表明，它大约建于公元前2世纪，是雅典现存最古老的市集遗址，是当时雅典人聚会和购买各种物品的地方。这里地域开阔，虽然历经了千百年来的风云变幻，但依然能感觉到它全盛时期的繁华景象。古罗马市集的交通便利，除了有一条大道直通卫城外，还有其他通路连接城区各处。可惜的是，现在大部分地方都被铁丝网拦住，只能看到些许遗迹，不过位于市集中的风之塔还是十分显眼。

06 Ifestou路跳蚤市场 逛

雅典的著名市场

TIPS

Ifestou Street　乘地铁在Monastiraki站下

★★★★★

Ifestou路跳蚤市场是雅典最著名的商业集市之一，以售卖各种居家生活用品为主，而最吸引各地游客的则是这里的二手市场。不论是乐器还是书籍、铜器、珠宝等，都可以以较为低廉的价格买到，但龙蛇混杂的市场内却也不乏假货，购买时货比三家后再出手。除了各式翡翠和玛瑙等五光十色的玉石外，在Ifestou路跳蚤市场还可以买到各种做工精致的手工艺品，堪称希腊一绝的古董艺术品更是作为旅游纪念品馈赠亲友的最佳选择。

风之塔

饱经风霜的优雅石塔

风之塔是一座造型优雅的石塔，它虽然不高，却有着悠久的历史。根据史料记载，它是公元1世纪时由天文学家安德罗·尼克斯设计建造的，主要有指示方向、计时、测量风向等功能。这座古塔是由白色的石块砌筑而成的，典雅大方。塔顶部还镶嵌着精美的雕刻，它们虽然历经风雨的洗礼，但依然保存完好。

07 哈德良图书馆 赏

古罗马时代的建筑

罗马帝国继承和发扬了古希腊文明，这座气势宏伟的哈德良图书馆就是其中之一，它巧妙地将罗马的建筑形式、雅典的建筑框架和功用结合起来，体现了希腊与罗马建筑艺术的融合。这座图书馆是罗马五贤帝之一的哈德良大帝当政时建立的，使用了罗马建筑中常用的红砖、大理石等材料，装饰细节上也无处不显示着罗马特色。哈德良图书馆历经沧桑变幻，现在只留下部分残垣断壁，但还是能从中看出当年的规模，地上依然散落着一些精美的石雕饰品，地上还有漂亮的马赛克铺成的图案，在蓝天白云的映衬下更凸显出历史的沧桑感。

08 古阿哥拉

古雅典的城区

古阿哥拉是雅典除卫城外最大的古迹景区，汇聚了众多不同时代的古建筑，是来到雅典必游不可的地方。阿哥拉在古希腊语中是市集的意思，在当时除了是商业区，还兼具着政治、宗教、文化等功能。来到这里的雅典公民们除了购买各种物品外，还能参加各种集会活动，以苏格拉底为代表的古希腊演说家们，也常在这里进行演讲。古阿哥拉位于卫城的山脚下，拥有阿塔罗斯柱廊、古希腊议会堂、赫菲斯托斯神殿等古迹景点，它们虽然只剩下部分残迹，但仍有着独特的魅力。

Thission Sq.&24 Andrianou Str. 乘地铁1号线在Thission站下 ★★★★★

看点01 阿塔罗斯柱廊

古希腊建筑的经典之作

阿塔罗斯柱廊是古代帕加马国王阿塔罗斯二世赠送给雅典的华美建筑，也是现在希腊境内唯一一处完全还原了的古希腊建筑，极具吸引力。这座柱廊古朴典雅，现在已经成为古阿哥拉博物馆，里面收藏了大量珍贵的展品，其中包括陶器、雕刻、钱币、剧院门票、面具等文物。阿塔罗斯柱廊的外侧是古朴的多立克柱，而爱奥尼亚柱式则用于内部和二楼，是公元1、2世纪很流行的建筑方式。这座建筑还是见证历史的地方，2003年4月16日，塞浦路斯、捷克等10国就是在这里签署条约，加入欧盟的。

看点02 古希腊议会堂

气势雄伟的圆形建筑

古希腊议会堂是一座气势雄伟的圆形建筑。根据史料记载，它建于公元前460年，是作为城邦国的雅典最重要的行政机构，著名的五百人议事会就是在这里举行会议的。当时的议员们就是在这里讨论各项议题、制定各种政策的，以伯利克里为代表的许多知名历史人物都曾在这里留下过痕迹。现在古希腊议会堂只留下部分地基供人追忆，在杂草丛中若隐若现，但仍能让人感受到该建筑全盛时期的宏伟气势。

看点 03 阿格里帕音乐厅

昔日最豪华的剧院之一

阿格里帕音乐厅建于公元前15年，据说是当时罗马帝国的执政官阿格里帕亲自设计并下令建造的，音乐厅也因此得名。根据史料记载，这是一座可以容纳1000名观众的室内剧院，是当时的罗马帝国东部最豪华的剧院之一，是各界名流与达官贵人云集的地方，曾上演了一幕幕精彩绝伦的戏剧。阿格里帕音乐厅曾屡遭毁坏重建，现在只留下残垣断壁和部分雕像，游人们可以通过这些遗迹景观来遥想昔日的繁华景象。

看点 04 赫菲斯托斯神殿

雅典早期建筑的代表作之一

赫菲斯托斯神殿是古阿哥拉景区最雄伟的神殿，即使与卫城内的伊拉克里翁神殿、雅典娜神殿相比也毫不逊色，它是雅典早期建筑的代表作之一。这座神殿建于公元前439年，比帕特农神殿的建设时间要早两年，是祭祀火神与工匠之神赫菲斯托斯的地方，这多少反映了当时雅典地方手工业发达的历史。赫菲斯托斯神殿的外部景观得到了很好的保存，成排的多利安式廊柱与屋顶上的雕刻都清晰可见。

09 米特罗波利斯东正教教堂

气势雄伟的大教堂

米特罗波利斯东正教教堂是希腊独立后所建的最宏伟的建筑，用时15年才全部完工，是雅典最重要的教堂之一。这座大教堂建于1840年，是举行各种盛大典礼的地方，其中就包括希腊总统宣誓就职仪式等。这座教堂的内部装饰豪华典雅，富丽堂皇。漫步在教堂里可以看到华美的壁画与精致的雕塑，祭坛处则供奉着高大的十字架，充满着圣洁的气息。教堂的窗扇为纯白色，神圣庄严，信徒在此祈祷、忏悔，寻求心灵的安宁。

TIPS

Thission Sq.&24 Andrianou Str.　乘地铁2、3号线在Syntagma站下　★★★★★

10 宪法广场

雅典的城市广场

赏

宪法广场是雅典的著名景观，也是这座城市的中心广场，它位于国会大厦的对面，曾见证过多个重大历史事件。这座广场是因为1843年9月3日，奥托国王在此批准希腊独立后的第一部宪法而得名，因此又是独立和自由的象征。广场的四周林木葱茏，南北两侧有国家公园、无名烈士墓等诸多景点，中心处还有一座大型喷泉。宪法广场的独特之处在于广场的东部比西侧略高，因为地铁车站位于东部。广场的四周还遍布着多家咖啡馆，是游人休息放松的地方。

TIPS

Leoforos Vasilissis Sofias 乘地铁2、3号线在Syntagma站下 ★★★★★

11 无名战士纪念碑 赏

纪念为独立而献身的勇士们

无名战士纪念碑是雅典最著名的近代建筑之一，整体造型简洁明快，庄严肃穆，每天换岗仪式会在此举行，十分具有希腊民族特色。这座纪念碑的主体是一座造型精美的古希腊式浮雕，一个戴头盔的古希腊战士仰卧在一块石板上，象征着千千万万在战争中英勇献身的将士们，两边镌刻着古希腊最杰出的政治家伯里克利斯的两句名言："这里是全世界杰出战士之墓"、"是安放无名战士的灵床"。浮雕正面还凿刻着23个地名，它们都是希腊军民与外国军队进行交战的地方。

TIPS

Leoforos Vasilissis Sofias 乘地铁2、3号线在Syntagma站下 ★★★★★

12 民俗博物馆 赏

展示希腊民间艺术的展馆

雅典城内的博物馆众多，民俗博物馆的名气虽然不大，但颇有特色，所以也很受欢迎。这家博物馆内收集了众多希腊的民俗物品，几乎成了希腊民间传统演变史的展览场所。漫步在展馆里的游人们可以看到众多珍贵的物品，其中既有各地区的传统服饰，也有刺绣、编织等民间艺术品。民俗博物馆里展出的物品，时间跨度很大，体现了拜占庭帝国时期的特色和土耳其统治时期的影响，现代化的希腊民俗物品在这里也有所展示。

TIPS

17 Kydathineon Str.　乘地铁2、3号线在Syntagma站下

★★★★★

13 圣尼古拉俄罗斯东正教教堂 赏

气势雄伟的俄式教堂

TIPS

Leoforos Vasilissis Sofias　乘地铁2、3号线在Syntagma站下　★★★★★

圣尼古拉俄罗斯东正教教堂始建于公元11世纪，是拜占庭帝国在雅典的主要建筑之一，可惜在奥斯曼土耳其军队入侵时毁于一旦，直到希腊独立后，才在俄国沙皇尼古拉一世的赞助下进行了重建。这座位于雅典普拉卡区以东的教堂秉承了传统的拜占庭式风格，气势雄伟，又典雅大方、富丽堂皇。钟楼是最醒目的建筑，墙体上雕刻着精美的花纹图案，有着很高的艺术感染力。漫步来到教堂内部，能感受到圣洁空灵的氛围，柔和的阳光给人以温暖的感觉。

14 希腊国会大厦

赏

希腊的政治中心

Leoforos Vasilissis Sofia 乘地铁2、3号线在Syntagma站下

★★★★★

希腊国会大厦自该国19世纪独立后就一直是这个古老国度的政治中心之一，最初是第一代国王奥托的王宫，之后成为国会大厦。如今这里依然是重要的政府机关，不对外开放，所以人们只能从外面欣赏这座美丽的建筑。这座气势雄伟的大厦是典型的近代建筑，由德国拜恩州宫廷建筑师加卢道纳所设计建造，它有着华美的风格和典雅大方的气势。希腊国会大厦的正面有一排古希腊风格的大理石底座，非常引人注目，也是这座建筑的象征。

15 国家花园

雅典的市区公园

国家花园是雅典市区公园之一，这里虽然没有什么古迹景点，但却是大都市中难得的清静之地，人们在这里可以放松身心，将各种烦恼忧愁抛掷脑后。国家花园里的林木枝叶繁茂，在浓荫掩映下不时可以看到漫步在仿古建筑边的游人，还有在草坪上悠闲放松的市民，清澈的溪水中不时传来孩童们戏水欢笑的声音，令人不禁回忆起童年无忧无虑时的乐趣。

TIPS

乘地铁2、3号线在Syntagma站下 ★★★★★

16 哈德良拱门

古罗马建造的凯旋门

赏

Amalias Road　乘地铁2号线在Akropoli站下　★★★★★

哈德良皇帝是古罗马帝国的五贤帝之一，他曾立下赫赫战功，建造了诸多凯旋门用于彰显自己的功绩，位于雅典市区内的这座凯旋门就是其中之一。这座拱门建于131年，至今仍保存得较为完好，因此成为进入雅典古城区的象征。哈德良拱门是典型的罗马凯旋门式建筑，有着精美典雅的形态，基座上的门廊立柱采用的是科林斯式风格，柱子顶端刻有毛莨花叶的纹饰，雕刻精美。这座凯旋门是由大理石砌筑而成，优美典雅，是古罗马全盛时代的象征。

17 雅典竞技场

赏

现代奥运会的起点

雅典竞技场的历史较为悠久，早在17世纪就已修建完成，它是仿照古代希腊大竞技场的样式修建的，1896年第一届现代奥运会在雅典开幕时，这里就是主会场，因此在体育史上留下了浓墨重彩的一笔。这座体育场位于雅典的市中心，是由白色大理石堆砌而成，可以容纳4万名观众，在大门口镶嵌着代表奥运会的五环标志，象征现代奥运会的起点。游人可以进入场内参观，并感受比赛氛围，而运动员们激烈运动的身影，仿佛还投射在这巨大的竞技场中。

Ardettos Hill 乘地铁2、3号线在Syntagma站下 ★★★★★

18 奥林匹亚宙斯神殿

赏

气势雄伟的神殿

奥林匹亚宙斯神殿是古希腊最宏伟的建筑之一。它始建于公元前470年，是一座典型的多利克式建筑。殿内外共有100多根巨大的科林斯石柱，可惜随着岁月的流逝，现在仅剩下15根高矮不一的石柱供人参观。这座神殿内部原有一座高大的宙斯神像，气势雄伟，造型华丽，被誉为世界七大奇迹之一，其身躯为象牙雕成，衣服则是黄金制作，极为奢华。可惜的是，这座雕像早已无影无踪，只剩下空空如也的遗迹让人感叹凭吊。奥林匹亚宙斯神殿是雅典的象征之一，让人们感叹世事的兴亡不定。

TIPS

Vassilisis Olgas Street 乘地铁2号线在Akropoli站下 ★★★★★

GREECE GUIDE

greece

畅游希腊

2

雅典其他

雅典位于巴尔干半岛南端，三面环山，一面傍海，西南距爱琴海法利龙湾8公里。它地处阿提卡的中心平原地带，四周群山环绕。在雅典的西面是艾加里奥山，北面是帕尼萨山，东北面是彭特里山，东面是伊米托斯山。

01 国家考古博物馆

希腊最大的考古博物馆

44 Patission Street 乘地铁1、2号线在Omonia站下 210-8217724 7欧元 ★★★★★

国家考古博物馆是希腊最重要的博物馆之一，这里收集了大量古希腊时期的各种文物，共有大厅、陈列室等50多个房间，收藏文物近2万件，绝大多数的文物反映了希腊神话中的内容，可谓集古希腊文物之大全。这里根据不同的时代设置了众多的展厅，既有再现上古时期人类生活的新石器时代展览厅，又有介绍古希腊黄金时代的古典时期展览厅，迈锡尼时期展览厅和青铜器展示厅也都是很有特色的展厅。漫步在博物馆中，可以了解到古希腊的文明发展史。

看点 01

新石器时代展览厅

希腊上古文明的聚集地

新石器时代展览厅是介绍史前时期人类文明萌芽的展厅，这里陈列着众多文物，其中有不少是当时的器皿和工具。由此可知，这个时期的希腊人已经从游牧生活形态逐步转变为农耕生活形态了。这里的展品主要以陶器为主，其表面刻绘着精美的图案，颜色以红黑两色为主。《竖琴演奏者》最具知名度，这是一个大理石坐像，展示了一位音乐家正在弹奏竖琴的形象，生动逼真，是希腊史前雕刻工艺的成功再现。漫步在这个展馆里，可以了解到上古时期的希腊文明特色。

看点02 基克拉迪文明展览厅

众多古希腊罕见的文物

基克拉迪群岛是希腊最重要的群岛，爱奥尼亚人在公元前1000年左右时出现在那里的各个岛屿上，并和多利安人一起创建了众多对后世有着重大影响的城邦。基克拉迪文明展览厅展出着众多古希腊时期的文物，其中最引人注目的当属从阿格摩斯岛上发掘出来的一座高1.5米的女性大理石雕像，没有尖锐的棱角，无论从哪一面看都是由流畅的线条所组成。著名的《音乐家群像》是从凯洛斯岛上发掘出来的，是非常罕见的男性雕像群，造型精美，令人过目难忘。

看点03 迈锡尼时期展览厅

华贵艺术品的集聚地

迈锡尼王国是古希腊早期文明全盛时期的代表，它在《荷马史诗》中被誉为“铺满黄金的地方”，因此该展厅的展品多以华贵的艺术品为主。来到这里可以看到许多珍贵的物品，它们大都是公元前1600年至前1200年间的物品，其中包括大名鼎鼎的黄金面具，它一度被认为是阿伽门农王所佩戴的。造型华美的金杯、装饰有黄金图案的青铜匕首、牛头和狮子头造型的酒器、王冠和各种黄金饰品也都极具魅力，吸引游人们驻足停留，细细观看。

看点04 提拉文明展览厅

重现富饶多姿的提拉文明

提拉文明展览厅展出公元前1600年圣托里尼岛上的提拉文明所遗留下来的文物。这座小岛位于爱琴海的南部，它的古文明虽然没有克里特岛上的米诺斯文明那样出名，但也有自己的独特之处，是一个相当发达、富庶的文明。来到这里的游客们能够看到著名的《拳击少年》壁画，正在进行比赛的两个少年栩栩如生，已成为希腊古文明的一个象征。《渔夫壁画》则展现了一位大获丰收的渔民手提成果的场面，据推测，这幅壁画创作于公元前16世纪。

看点05 迪阿多美诺斯展览厅

阳刚健美的裸体男性雕像

国家考古博物馆里除了展出众多古希腊时期的文物外，还有部分罗马帝国时代的文物，其中最著名的当属位于迪阿多美诺斯展览厅内的迪阿多美诺斯雕像。这是一座裸体男性雕像，严格按照黄金分割线来进行雕刻，充满着阳刚之美，是当时人们心目中最理想的男子体态。

看点06 古典时期展览厅

古希腊文明全盛时期的见证者

古典时期展览厅里陈列的都是公元前5世纪到公元前330年间的物品，那段时期是古希腊文明的全盛时代，因此这个展厅的展品也是整个博物馆的精华所在。这里展出的文物主要以雕像为主，其中大部分都是取材于神话故事，当然也不乏英雄传说中的人物形象。战争也是当时雕刻艺术的一个重要取材对象，来到这里的游客们能够看到真实再现的城邦争霸时代的战争场景，也有艺术家发挥想象力所创作的诸神之战的场面。

看点07 海神厅

体型优美的青铜海神雕像

海神厅是因厅内的海神波塞冬的雕像而得名的，是博物馆内最著名的展厅之一。波塞冬雕像是由青铜制作而成，体型优美，左手向前水平伸展，右手向后举起，做持长矛状，姿态非常神勇。这座神像历史悠久，极具艺术魅力，但因为种种缘故一直声名不显，直到1928年从阿提米希翁海岬附近打捞上来后，才逐渐为世人所知。海神厅里还有其他精美的神像，也都有着很强的艺术吸引力。

看点08 陶器展示厅

古希腊工匠高超技艺的陶器

古希腊的手工业发达，陶器是当时最著名的产品之一，所以国家考古博物馆专门开辟了陶器展览室。这里陈列的陶器大都是用红、黑、白等染料进行上色的，展现了古希腊人进行渔猎、游乐等的生活场景，当然也不乏根据神话传说而创作的精美图案。来到陶器展示厅的游人们会被古希腊工匠的高超技艺所折服，他们所制作的陶器造型各异，在保持实用功能的同时，又有着独特的艺术魅力。

看点09 青铜器展示厅

古希腊文明的杰出代表

古希腊文明是青铜时代的杰出代表，因此这里陈列着众多青铜器，其中许多展品都是希腊的国宝级文物。这里展出了多件大型青铜器，最著名的当属那件《骑马的少年》。它制作于公元前140年，无论是马匹的肢体，还是少年的神情都得到了生动地再现，有着极高的艺术魅力。青铜器展示厅里还有众多小型青铜器，为当时居民使用的生活物品和装饰品，其中的迷你宙斯像，造型可爱，让人驻足观看。

02 雅典学院&雅典大学&国家图书馆

赏

希腊的新古典主义建筑代表作

雅典学院、雅典大学、国家图书馆均位于卫城附近，它们都是出自丹麦建筑师韩森兄弟之手，是希腊近代建筑的代表作。这三座建筑再现了传统希腊式建筑的特色，由白色大理石建成，造型对称而匀称，不施修饰，显现出平和的美感，因此也被称作“雅典三部曲”。雅典学院是一座气势雄伟的爱奥尼亚式建筑，外侧是高大简洁的廊柱，前方广场上有精美的雕像，山墙上则镶嵌着精美的浮雕，取材于古希腊神话故事，人物栩栩如生，有着极强的艺术感染力

TIPS

28-32 Panepistimiou Avenue 乘地铁2号线在Panepistimiou站下 210-3364700（雅典学院）；210-3382601（国家图书馆） 7欧元 ★★★★★

03 雅典市立博物馆

皇宫改建的博物馆

5-7 I.Paparrigopoulou Str. 乘地铁2号线在Panepistimiou站下 210-3231397 3欧元 ★★★★★

雅典市立博物馆曾经是希腊国王奥托一世的皇宫，后在1980年时改造成为市博物馆。这里曾经是国王的宫殿，因此一楼的部分空间里展出国王和王后的私人物品，包括王后使用过的钢琴和一间小会客室，将奥托一世从立宪、收复失地到流亡海外的多舛历史完全展示了出来。此外，博物馆里也陈列着很多精美的艺术品，这些艺术品大多是曾经任国会议员的Lambros的个人收藏，其中包括多幅19世纪的精美水彩画。这里最引人注目的当属一套展示雅典1842年时城市样貌的模型，模型中细节丰富，活灵活现，把一座城市完整地呈现在人们眼前。

04 基克拉迪艺术博物馆 赏

展示基克拉迪文明

TIPS

4 Neophytou Douka Str. 乘地铁3号线在Evangelismos站下 213-7228321 3欧元 ★★★★★

基克拉迪文明从公元前3200年一直延续到公元前2000年，是古希腊文明的源头之一，遗留下众多艺术品供后人欣赏。这座博物馆一反希腊博物馆的常态，采用了极具现代主义特色的建筑风格，给人以耳目一新的感觉。漫步在博物馆内，能够看到许多颇具特色的艺术物品，它们大都以大理石为原料，造型抽象，光滑的刻面是其最大的特点。这里还展出着与基克拉迪文明同时代的古希腊文明所创造出的艺术物品。

05 利卡维多斯山丘

赏

雅典的制高点

利卡维多斯山丘海拔273米，一直是雅典的制高点，它不仅见证了这座城市的兴旺繁荣，也经历了被战火毁坏之后的默默无闻。这座山丘之上没有多少古老的建筑，鳞次栉比地排列着众多典雅的小楼，是这座城市最具现代风情的地区之一。利卡维多斯山上遍布着众多餐厅和酒吧，游人们在这里可以品尝正宗的雅典美食，还能在山顶的露天咖啡馆处俯瞰雅典的城市风光。尤其到了夜间，亮丽的灯光与满天的繁星交相辉映，渲染出令人如痴如醉的美景。

TIPS

乘地铁3号线在Evangelismos站下

06 贝纳基博物馆

综合性博物馆

贝纳基博物馆是希腊最大的私人博物馆之一，它是由富商安东尼·贝纳基所建，主要收藏地中海沿岸国家和地区的文物，现在分为20多个展厅展出。这个博物馆收藏着3万余件文物，其中有中国的陶器、波斯的丝绸、希腊各岛的刺绣，以及希腊的民间工艺品，甚至还有瑞典王后的钻石耳环，吸引了大量的国内外游客。贝纳基博物馆收藏的展品时间跨度很大，既有古希腊时代的文物，也有拜占庭帝国时代的精美饰品。这家博物馆内还有仿古艺术品出售，是非常受欢迎的礼物。

TIPS

1，Koumbari Str. &Vas.Sofias Ave. 乘地铁2、3号线在Syntagma站下 210-3671000 6欧元 ★★★★★

07 拜占庭博物馆

纪念拜占庭时代的博物馆

TIPS

22 Vasilissis Sofias Avenue 乘地铁3号线在Evangelismos站下 213-2139572 4欧元 ★★★★★

希腊是罗马-拜占庭帝国的重要领地，因此深受该文明的影响，并留下了众多文物古迹。这座博物馆位于一座佛罗伦萨式的别墅内，除门厅外还有5个展览厅，收集了自东、西罗马帝国分裂以来，直到君士坦丁堡被土耳其攻陷为止近千年间的众多艺术物品，并通过这些展示物介绍了拜占庭时期的风俗人情、宗教信仰等方面的情况。漫步在展馆内能够看到精美的艺术作品、神圣典雅的圣像、各种珍贵的资料，还有壁画、镶嵌画、浮雕等文物。

08 战争博物馆

记录战争演变历史的博物馆

赏

Vasilissis Sofias Ave. 与 2 Rizari St. 乘地铁3号线在Evangelismos站下 213-725297 ★★★★★

战争博物馆是雅典最好的军事博物馆，收藏了众多军械用品，是记录希腊战史和该国士兵所用武器的博物馆。这个博物馆以年代作为划分标准，展示了不同时期所用的各种武器装备，包括古希腊时期的长矛和盾牌，到中世纪骑士们的盔甲，还有土耳其人所使用的弯刀、近代希腊军队使用的步枪也都在这里供人参观。展览室外有坦克和6架飞机，其中一架是修复后的1912年法尔芒双翼飞机，还有一架则是大名鼎鼎的“喷火式”战斗机。

09 国家美术馆

希腊最好的美术馆

TIPS

50 Vas. Konstantinou Ave. 乘地铁3号线在Evangelismos站下 213-7211010 ★★★★★

国家美术馆是雅典最好的艺术展馆，在希腊全国是首屈一指的，以展示近现代希腊艺术作品为主，是艺术爱好者们不可错过的景点。这个美术馆分为多个展区，陈列着油画、水彩、水粉、摄影等题材的艺术作品。国家美术馆内收藏着Vryzakis和Lytras等希腊知名艺术家的作品，漫步其间，能清楚看到时代的变迁对艺术作品的影响。这里还经常举办各种主题展览，来到这里的游客们可欣赏到世界各地知名艺术家的作品。

GREECE GUIDE

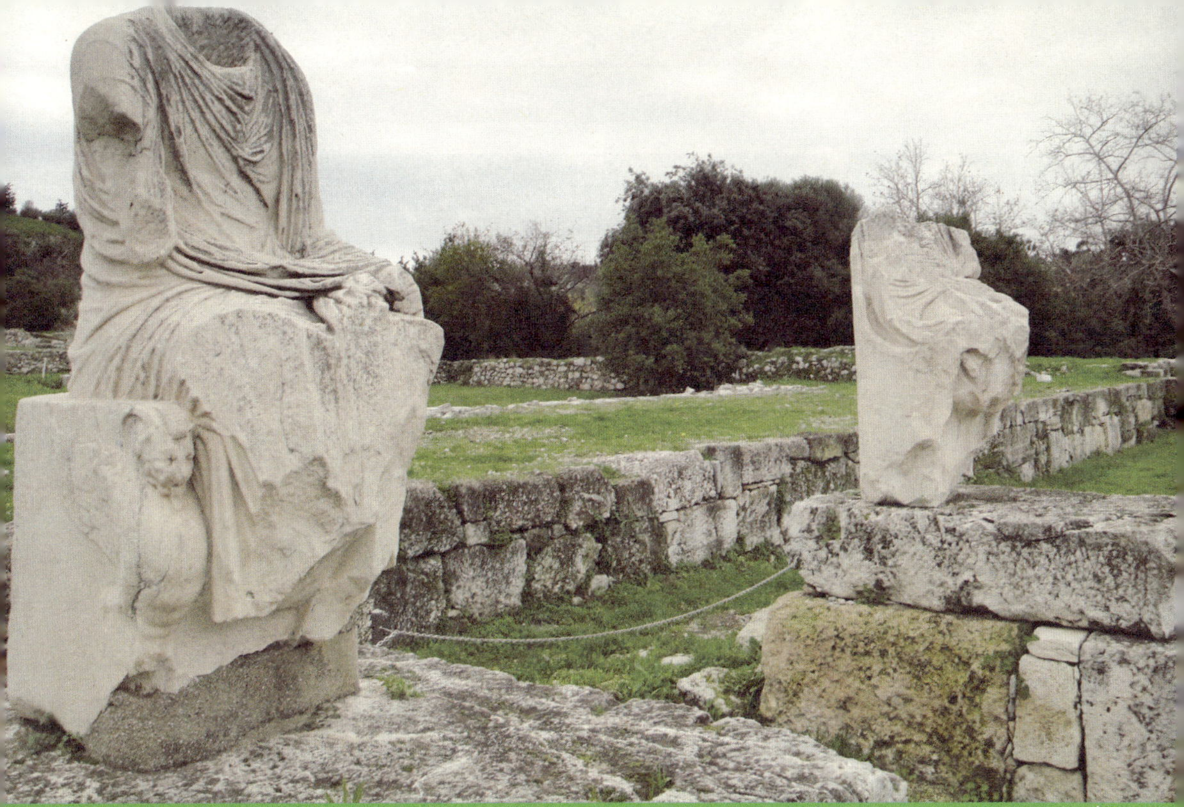

greece

畅游希腊 3

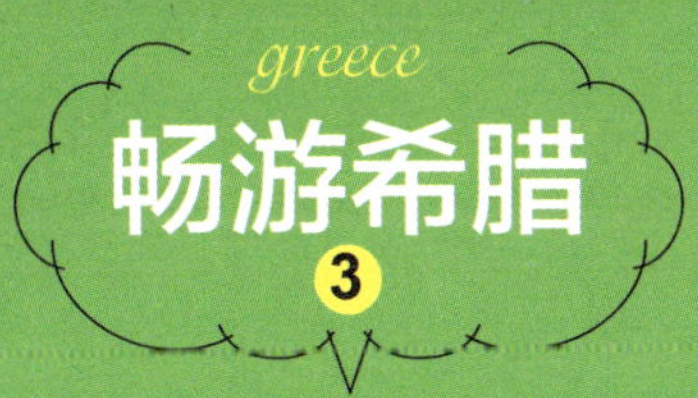

伯罗奔尼撒·科林斯&迈锡尼

伯罗奔尼撒半岛位于希腊南部，三面被爱琴海所包围，北以科林斯地峡同希腊中部相连。半岛东南部是伯罗奔尼撒大区，西北部是西希腊大区。岛上多山，平原主要在西海岸。这里海岸线蜿蜒曲折，最高峰为2410米的泰格托斯山。

01 古科林斯

古希腊时期著名的城邦国

古科林斯是伯罗奔尼撒半岛最北部的城邦国，扼守着著名的科林斯地峡，战略意义十分重大，虽屡遭损毁，但又都浴火重生。这座古城靠近科林斯湾与爱奥尼亚海，是重要的商业中心，在古希腊时期，它几乎垄断了所有陶器、橄榄油、葡萄酒、金属器皿的贸易。起源于此的科林斯式石柱有着华美典雅的造型，至今依然被用在各种建筑之上。古科林斯城历史悠久，曾在众多希腊神话中出现。现在虽然只剩下一些残垣断壁，但仍有不少景观可供参观，其中就包括大名鼎鼎的科林斯运河，而气势雄伟的阿波罗神殿和雷凯欧大道等景点，也各有其独特的魅力。

雅典Kifissou巴士站乘巴士在科林斯下，或在雅典拉里西斯火车站乘火车在科林斯下 274-1031207 6欧元 ★★★★★

看点01 葛劳凯之泉

古希腊城市的重要市政建筑

泉池是古希腊城市的重要市政建筑，不仅起着提供水源的作用，而且还是消防设施。在一些小型城市中，它还是市民们的聚集地。根据现有资料记载，葛劳凯之泉建于公元前6世纪，在罗马帝国时期仍得以保留，但现在人们看到的只是一座早已干涸了的蓄水设施。葛劳凯之泉由石块堆积而成，包括4个池区，有着各自不同的用途。相传古希腊英雄伊阿宋的儿子们就是在这里被亲生母亲美狄亚所杀害的。

看点02 市集遗址

古代科林斯的经济和文化中心

市集遗址位于阿波罗神殿的下方，是古代科林斯的经济和文化中心。这里有市集、神殿、喷泉等一系列公共建筑。这个区域的正中是一座多层建筑，光是位于底层的部分就可以容纳下33间商店。其侧面连接着一片柱廊，柱廊的对面是古代用于宣传和广告的讲坛，讲坛后面则是最重要的行政机关建筑。罗马控制了希腊后，这里就是当地的政治中心，罗马派来的行政官等人就位于这里。此外，在市集的最远端还有一座长方形的会堂遗址。

看点03 皮蕾妮之泉

造型典雅的水池

皮蕾妮之泉是一座造型典雅的水池，曾为众多科林斯艺术家提供灵感，因此在这座古老的城市中享有盛名。与流传着神话故事的葛劳凯之泉不同，这座水池更具有人性化与大众化的特点，所以在科林斯城邦国时期，该水池是民众们的聚集地。皮蕾妮之泉保存得较为完好，由石块砌筑而成的墙壁上雕刻着圆形的拱门，它们的前方则是造型典雅的石柱。

看点04 雷凯欧大道

饱经历史沧桑的大道

雷凯欧大道的历史可以追溯到古希腊时期，是连接古科林斯城与海军基地的道路，虽然历经修复改建，但依然保持着旧时的主体轮廓。这条道路附近是空旷的原野和一望无际的森林，还种植了大量的橄榄树、柑橘等水果树。道路的尽头有一个小型机场，在“二战”时期是德国纳粹的空军基地。

看点05 阿波罗神殿

气势雄伟的多利安式建筑

阿波罗神殿是一座气势雄伟的多利安式建筑，它建于公元前540年左右，是当时科林斯城的象征之一。这座神殿历经时空的变幻，现在只剩几根石柱残留在游人面前，造型典雅大方，让游人回想起这里全盛时期的壮观场景。阿波罗神殿里供奉的是希腊神话中的太阳神阿波罗。内部有一面横向的墙壁将神殿分成了两部分，每一部分又恰如一座小型的神庙，各自有其正立面、门廊以及内殿。在内殿的后部还有两排梁柱，辅助支撑着雕刻精美、色彩艳丽的神殿殿顶。

02 科林斯运河

世界上开凿最深的运河

赏

科林斯运河是沿着科林斯地峡开凿的，它始建于公元67年，当时的罗马皇帝尼禄为该运河挖掘了第一铲土，而人们现在看到的运河则是19世纪末由希腊政府完成的。这条运河的长度虽然只有5.5公里，但它的工程难度却丝毫不亚于其他著名运河，因为该运河的深度达21米，是世界上开凿最深的运河，并且是极少数在坚硬石区开凿出来的运河之一。科林斯运河的两侧全部是陡峭的崖壁，远远望去，好像一条位于大地之中的裂隙，给人以壮丽无比的感觉。

TIPS

Isthmia巴士站步行可到

★★★★★

03 音乐厅

建在山丘上的音乐厅

赏

音乐厅就位于古科林斯遗迹的入口处，建筑直接建造在一座小山丘上，四周一片空旷。据说这座音乐厅是由罗马皇帝哈德良的好友海罗德斯·阿提卡斯自主修建的。除了这座音乐厅外，他还资助了德尔菲的竞技场、雅典卫城中的海罗德斯·阿提卡斯音乐厅、奥林匹亚的下水道系统等重要设施。今天已经很难分辨这座音乐厅的外观，只能从半圆形的遗迹中一窥其过去的样貌。在公元225年时，这座音乐厅被改建成为一处斗兽场，经常上演角斗士和野兽以命相搏的激烈景象。如今从废墟中的痕迹中能依稀看出当年刺激危险的场面。

TIPS

雅典Kifissou巴士站乘巴士在科林斯下，或在雅典拉里西斯火车站乘火车在科林斯下 ★★★★★

04 迈锡尼遗迹

赏

古希腊文明的发源地

迈锡尼是现在发掘历史最悠久的古希腊城邦国，被誉为古希腊文明的发源地，而《荷马史诗》中讲述的希腊和特洛伊之间的战争，也是因为迈锡尼而起，可以说这里就是一座希腊的神话之城。虽然这个城邦随着岁月的流逝，一度消逝得无影无踪，但依靠考古学家的辛勤工作，这座古老的城市，又逐步展现出那华美的容颜。遗迹里最著名的当属刻画有两只狮子的狮子门，这也是进入景区的必经之路，漫步在布满残垣断壁的遗迹中，总能产生浓浓的历史沧桑感。

TIPS

迈锡尼巴士总站步行15分钟可到 275-1076585 8欧元 ★★★★

看点01 地下水源

充满神秘的历史遗迹

迈锡尼是一座固若金汤的城市，它坐落在小山之上，并被雄伟的城墙所包围，因此其水源地曾是困扰后人的谜团之一。后来人们在迈锡尼王宫后方的隧道里发现了一个通往外界的水池，这就是这座城市的水源地。古代迈锡尼人用陶器做成的水管将附近柏赛亚山的山泉引入水池中，供居民们饮用。地下水源所在的隧道还有两座隐秘的小门，通往城堡后方的山区，是当时的紧急逃生口，相传阿伽门农之子俄瑞斯忒斯就是通过这里逃离母亲及其奸夫的毒手的。

看点02 狮子门

迈锡尼遗址最醒目的景观之一

狮子门是迈锡尼遗址最醒目的景观之一，是一座由两只石狮守护的大门，气势雄伟，两侧都是坚固的石墙。左侧延伸出的突出部分与右侧的城墙相平行，在城的入口处形成了一片狭小的空间，这意味着一切来犯之敌都将在狮子门下被反包围。这座大门虽然已残缺不全，但依然能让游人感受到它全盛时期的风采。大门由独石建成门柱，门宽3.5米，高3.5米，可供骑兵和战车通过。门上的雄狮造型精美，栩栩如生，狮的前爪搭在祭台上，形成双狮拱卫之状，威风凛凛地向下俯视着进入城门的人。

看点03 墓冢A区

希腊中期的王室墓葬景观

墓冢A区是19世纪时由德国考古学家施里曼所发掘出来的墓葬群，他根据公元2世纪希腊作家鲍桑尼亚的记载，认定《荷马史诗》中阿伽门农王的陵墓就在这里，因而进行破坏性的发掘，著名的金面具、金指环等文物就是在这里发掘出来的。可惜根据检测结果，面具的主人是比阿伽门农早300年的迈锡尼国王。墓冢A区现在得到了较好的保护，游人可以看到希腊中期的王室墓葬景观。

看点04 墓冢B区

气势雄伟的上古宝库

墓冢B区是考古学家们在1952—1954年发掘出来的墓葬区，共有墓冢24处，其中最著名的当属《荷马史诗》中生动描绘过的阿特留斯的宝库。这里是古代迈锡尼王国贵族们的墓葬，长眠在此的不仅有多位国王，还有王子、公主等王室成员。墓冢B区里发掘出了多件宝物，大都收藏在雅典的博物馆中，但来到这里的游客们依然会被古代墓葬群的雄伟气势所震撼。

看点 05
阿伽门农宫殿
据说是阿伽门农的宫殿

阿伽门农宫殿也是施里曼最先发现的，据说是阿伽门农的宫殿，但根据后人的考证，这座宫殿与那位大名鼎鼎的国王并没有什么关系。这座宫殿现在只剩下残垣断壁供人凭吊，但考古学家们还是凭借着建筑结构的特点发现了大殿、广场、会客室、女宾室等设施，希腊人最爱的浴室也被寻找到了。阿伽门农宫殿中还发掘出了大量的文物，其中包括雅典国家博物馆中展出的战士出征陶器。

看点 06
阿特留斯的宝库
迈锡尼王国全盛时期的宝库

阿特留斯是阿伽门农的父亲，而他的父亲则是著名的佩罗普斯，他们祖孙三代共同缔造了迈锡尼王国的全盛时代。这座宝库相传是他死后的陪葬品，因此成为盗墓者们下手的对象，等人们发掘该宝库的时候，那里收藏的宝物早已荡然无存。阿特留斯的宝库气势雄伟，让人很难想象这是上古时代的产物，其最惊人的设计是位于墓穴大门上的长8米、宽5米的横梁，而墓室的墙壁石砖一层层向上堆叠的方式也令人惊叹不已，因为即使是在科技发达的现代，建造这样一座圆锥形的房屋，也需要周密的计算。

GREECE GUIDE

greece

畅游希腊

4

伯罗奔尼撒·斯巴达&米斯特拉

伯罗奔尼撒半岛是标准的地中海气候，这里四季分明，日夜温差较大。6、7、8月天气炎热，空气干燥，1、2、3月则天气较冷，因此最佳的旅游时间应在4、5、6月以及9、10、11月。

01 古斯巴达遗迹

寻觅古代斯巴达的痕迹

TIPS

雅典Kifissou巴士站乘巴士在斯巴达站下 ★★★★★

古斯巴达是南伯罗奔尼撒最有名的城邦，这里尚武成风，男女老幼均十分彪悍。在《荷马史诗》中，正是由于斯巴达的王妃海伦被人拐走，因此才爆发了长达十多年的希腊与特洛伊之间的战争。由于斯巴达人崇尚简朴，因此这里并没有留下辉煌的遗迹，仅有的古迹也都散布各地，人们需要逛遍整个斯巴达城才能整合出对古代斯巴达的模糊印象。这些遗迹大多都是一些石墙或是建筑的遗址，石墙砌得十分规整，一块块石头好像拼图一样镶嵌在一起，数千年时光屹立不倒，让人不禁惊讶于斯巴达人的出色手艺。

02 列奥尼达王圣域

纪念斯巴达最著名的国王

相信看过《斯巴达300勇士》这部电影的人一定对斯巴达人的骁勇善战印象深刻，统领这些斯巴达勇士的就是斯巴达历史上最著名的国王列奥尼达。列奥尼达相传是神话中的大力神海格力斯的后裔，他本人骁勇异常，在国内极具声望。当波斯入侵希腊时，他率领斯巴达国内300精兵和波斯人数万大军对抗，在温泉关经历一场激战后，列奥尼达和他手下的300名壮士全部战死。斯巴达人为了纪念他们的国王，特地在国内为他建立了一座雕像。而这座雕像四周就被称作“列奥尼达王圣域”。如今有许多人特地来到这里，一睹这位英勇国王的雄姿。

TIPS

雅典Kifissou巴士站乘巴士在斯巴达站下 ★★★★★

03 考古博物馆 

展现斯巴达的历史

TIPS

T.K. 23100 089-2900820 2欧元 ★★★★★

创办于1874年的斯巴达考古博物馆坐落在一处古典的庭院之中，这座建筑出自希腊设计师Katsaros的手笔，后来经过了进一步的扩建。考古博物馆中的藏品横跨了从石器时代到罗马时代斯巴达的所有历史时期，以从斯巴达遗址和附近其他古迹中出土的文物为主，包括在月亮女神圣域中发现的各种雕像和器皿，这些物品大多都是用象牙、石头或黏土制成，相当精致。另外，还有很多当时用来祭祀用的道具，如木制的面具等。馆内最著名的要数那尊列奥尼达王的塑像，那是斯巴达人最敬仰的物品。还有一幅用马赛克拼成的希腊英雄阿喀琉斯的半身像也十分出名。

04 米斯特拉遗迹 

曾经辉煌的古代拜占庭都市

米斯特拉遗迹位于斯巴达西北处，是一座古代的拜占庭城市。它建造在一个高约621米的山坡上，遗址可以明显地划分为上下两个部分，上面的部分是由法兰克人在山顶建造起来的城堡、帝王宫殿、贵族的住宅、几座修道院，以及圣索菲亚大教堂，这些建筑物被具有两个大门的城墙包围起来。位于下面的部分则被另外一片城墙围绕着，这些建筑物的中心部分是于13世纪修建的圣杰米特厄斯大教堂。此外，一座15世纪修建的潘塔娜莎修道院也位于下面的这部分建筑物中。这些建筑中至今还保留着颜色鲜明的壁画，很具艺术感。

273-1093377 5欧元 ★★★★★

看点01 迪米特里欧斯教堂

米斯特拉遗迹的中心

迪米特里欧斯教堂被昵称为“中心”，因为它正建于米斯特拉遗迹的中心位置。这是一座建于13~14世纪的建筑，是拜占庭帝国刚刚征服这里时所建。如今这座教堂的造型与最初不同，因为15世纪时，大主教将教堂改建成为了现在所见的有5座尖塔、下面为方形会堂、上面为十字形的混合式建筑。如今这座教堂拥有多种建筑风格，融合了多种技艺和艺术潮流，十分精美。此外在教堂里还有不少精美的壁画，也是重要的看点。

看点02 德奥多罗伊教堂

最古老的十字教堂

德奥多罗伊教堂是米斯特拉最古老的十字教堂，它建于13世纪末，是拜占庭时期的重要建筑。当时很多贵族和神职人员都以死后安葬在此为荣。如今这座教堂的外观基本保存完好，圆形的红砖拱顶依然吸引人的眼球，而墙壁上随处可见的精美浮雕映衬着这里神圣的宗教氛围。教堂内部的壁画被破坏得比较严重，大多难以分辨，只能依稀辨认出少量安葬在这里的贵族的肖像。在教堂中还有不少极具艺术价值的雕塑等，也是这里珍贵收藏的一部分。

看点03 城堡遗迹

米斯特拉遗迹中最主要的部分

城堡遗迹是米斯特拉遗迹中最主要的部分，这座城堡是法兰克人统治期间修建的，承担着重要的军事防御任务。城堡位于海拔600米的高山上，易守难攻，而且经过历代统治者的加固修建，规模十分庞大。经过千年历史的风霜，如今这里早已成为了一片废墟，所留下的只有一堆堆的瓦砾和残垣断壁。放眼远眺，整个米斯特拉遗迹的景色尽收眼底，纵然眼前的事物随着历史不断变化，但是这座城堡遗迹却永远静静地矗立，看着沧海桑田的变迁。

看点04 艾凡杰利斯特里亚教堂

小巧优雅的教堂

艾凡杰利斯特里亚教堂是一座小巧优雅的教堂，它的造型有点类似于圣索菲亚大教堂，都采用了双柱式十字形结构。而且尤为难得的是，这座教堂内外的建筑和艺术风格十分统一，从最初到现在一直都没有进行过翻建和重修，这在米斯特拉遗迹中是很罕见的。在教堂内的每一根柱子上都能见到树叶和松果等造型的浮雕，十分精致。教堂内的壁画也很有名，大多绘制于14~15世纪，其中著名传教士圣波利卡波斯的肖像最为著名。

看点05 霍迪集特里亚教堂

宏伟精美的教堂

霍迪集特里亚教堂和德奥多罗伊教堂都曾经是当地维诺多奇翁修道院的一部分，因此在结构上和德奥多罗伊教堂有很多相通之处，比如它们同样都是长方形会堂加上十字形教堂结构的混合式建筑，除了建筑十分宏伟外，内部的湿壁画也相当精美。这里的壁画大多绘制于14世纪，部分还掺杂有君士坦丁堡的艺术风格。其中特别以西侧拱门上的《耶稣与先知》、教堂半圆形室中的高级教士肖像和教堂前部的《耶稣的奇迹》等壁画最为有名。

看点06 圣索菲亚大教堂

风格简朴的大教堂

圣索菲亚大教堂坐落于米斯特拉遗迹的上部城区，从所处的位置就能看出它的不一般。它曾是王宫教堂，不过和位于下部城区很多教堂的精美绝伦比起来，这里可以说十分简朴。这是一座风格单一的拥有圆顶主殿和钟楼的多角形教堂，内部狭小而高挑。圣殿上有一幅大型的耶稣像，拱顶上则有耶稣升天的壁画，虽然保护状况不甚理想，但是依然可以分辨出其中的人物形象，在教堂柱子的柱头和双头鹰雕饰上还能看到设计它们的雕塑家们的名字。

看点07 宫殿

米斯特拉统治者曾经的辉煌

宫殿位于米斯特拉遗迹上部城区的一处平台之上，这片13~15世纪修建的宫殿建筑群落历经多代统治者的不断扩建，终成了现在的规模。宫殿以正中的宝座厅为中心，两道侧翼以直角相交，在中央围出一片可以聚集民众的广场。想要进宫殿的游客可要失望了，如今这座宫殿空留下了建筑结构，内部什么也没有，只能在建筑之间畅想过去的辉煌了。

看点08 潘塔娜莎修道院

米斯特拉遗迹保存最好的修道院

潘塔娜莎修道院不仅是米斯特拉遗迹中保存最好的修道院，而且现在还有修女常驻在内，因此入内参观时必须注重礼仪和服装。这座修道院建于1428年，以霍迪集特里亚教堂为蓝本，细节方面施以哥特式风格，形成了自己独特的建筑风格。同时在壁画方面也仿造了霍迪集特里亚教堂和佩利伯列托斯修道院，尤其是十字翼廊和教堂上层的壁画保存得十分完好，包括圣殿中的《圣母像》、拱顶上的《耶稣升天》、东侧廊下的《进入圣城耶路撒冷》等都是相当优秀的杰作。

看点09 佩利伯列托斯修道院

别具特色的修道院

佩利伯列托斯修道院背靠山壁而建，据说是当地一对贵族夫妇所捐资修建，前庭的门上还留着他们俩的名字。这座修道院在建筑上颇具特色，修道院的前方突出建造了两座小型的礼拜堂，让整个建筑显得相当可爱。修道院内的湿壁画充满了诗情画意，用色细腻而且构图精致，具有极高的艺术价值。特别是西侧廊下的《耶稣诞生》、北侧廊下的《浸礼》、教堂北侧的《圣母长眠》、南侧的《施洗者约翰》等都堪称一等艺术精品。

看点10 尼古拉斯教堂

拜占庭末期风格的教堂

尼古拉斯教堂建于奥斯曼土耳其统治时期，这时候已经是拜占庭艺术的末期了，虽然统治政府限制拜占庭艺术的传播，但是众多教堂依然不断涌现以容纳众多信徒的需求。尼古拉斯教堂就是在这种情况下修建起来的，因为正处于基督教不断受打压的阶段，因此教堂的造型十分简单，只在细节方面透露出些许拜占庭风格。而教堂内的壁画也与各种殉教故事和殉道者有关，最著名的壁画当属一幅目光忧郁、双眉紧锁的耶稣像。

看点11 博物馆

标准的拜占庭式建筑

博物馆是米斯特拉遗迹最重要的建筑之一，是标准的拜占庭式建筑，通身都用红砖砌成，显露出一片红色。方形的屋身和圆顶相得益彰，古代拜占庭工匠过人的艺术素养让人惊叹。这里收藏着很多从米斯特拉遗迹中出土的文物，是米斯特拉独特文化的展现之处。这里所收藏的展品大多都是拜占庭艺术的精髓，包括雕塑、建筑的残片、教堂中遗留下来的各种绘画等。在这里逛一遍就等于是接受了一次拜占庭艺术的洗礼，因此这里深受各地游客的青睐。

GREECE GUIDE

geeece

畅游希腊

5

伯罗奔尼撒其他

伯罗奔尼撒半岛古称摩里亚半岛，在希腊历史上扮演着重要的角色，早在史前的爱琴文明时期，这里就已经拥有了相当先进的文明，迈锡尼、科林斯、阿尔戈斯、斯巴达等城邦更是人们耳熟能详的地方。

01 帕拉米迪要塞

纳普良的重要军事防御设施

TIPS

纳普良巴士总站步行可到 4欧元 275-2028036

★★★★★

帕拉米迪要塞曾经是纳普良的重要军事防御设施，是在威尼斯占领时期修建的。这座要塞循着260米高的山坡而建，人们想要登上要塞需要爬1000多级的石阶。这是一座典型的巴洛克风格要塞群，在高高的城墙围绕之中有七八座堡垒，通过各种暗道相连。不过要塞内的道路到纳普良镇旁的悬崖处就中断了，从这里俯瞰小镇风光，除了景色优美外，还让人生出一丝畏惧。走进城堡，只见古代防御设施保存得十分完好，在这里能看到当时使用的各种防御工事，可谓是固若金汤。除此之外，要塞里还有不少极具历史价值的文物，吸引了各地的游客。

02 纳普良宪法广场

逛

纳普良小镇的中心

纳普良宪法广场是纳普良这座小镇的中心所在，它位于纳普良旧城区，四周林立着各种咖啡馆和餐厅，是人们休闲用餐的大好去处。希腊国家银行和考古博物馆就位于广场对面。人们一般会沿着Amalias大道或Vasileos Konsitantinou大道前往宪法广场，这两条街是当地最繁华的商业街，各种各样的商店和纪念品店矗立在大街两侧，来自世界各地的游客聚集在这里，为自己的纳普良之旅挑选喜爱的纪念品。此外，在大街沿途分出的小巷里还有不少当地风情的咖啡馆和餐厅，是体验纳普良平民生活的绝佳去处。

TIPS

纳普良巴士总站步行可到 

03 博尔特基要塞 赏

仿佛浮在海上的要塞

博尔特基要塞位于纳普良外海的一座小岛之上，远远望去城堡就好像浮在海面上一样，十分神奇。这座要塞是威尼斯人为了抵御土耳其人的海上进攻而修建的。在威尼斯和土耳其的战争中这座要塞曾经发挥过极为重要的作用，希腊独立后这里被改成了一座监狱。如今这里是一处酒店，迎接来自世界各地的游客。人们可以乘坐游艇上岛参观，在这座要塞改建的酒店里随处都能见到过去留下来的战争痕迹，监狱的阴森恐怖的氛围早已是一扫而空。同时这里还是一处观海的好地方，清澈的海水中一群群鱼儿来回嬉戏。在这么好的环境用餐，一定能给人留下美好的回忆

纳普良港口乘船可到 ★★★★★

04 考古博物馆 赏

收藏纳普良的丰富财产

纳普良曾经在一段时间内做过希腊的首都，后来希腊国王奥西奥决定将首都迁往雅典。虽然作为首都的时间很短暂，但是这座小镇依然留下了丰富的文化财产。当地出土的珍贵文物都保存在这座考古博物馆里。这里的藏品范围囊括了希腊城邦时期、威尼斯占领时期、土耳其占领时期和希腊独立以后的各个历史时期，很多都是相当珍贵的。其中有一套迈锡尼的士兵盔甲，这套盔甲是用青铜铸成，式样精美，虽然上面落满铜锈，但是依然能清楚地分辨出每一个部分，是这里的镇馆之宝。除此之外，各式各样美丽的陶器和绘画也都体现出古代纳普良辉煌的文明。

TIPS

Plateia Syntagma　纳普良巴士总站步行可到　275-2027502　2欧元　★★★★★

05 提林斯 赏

古代迈锡尼文明的重要遗迹

TIPS

纳普良巴士总站乘巴士可到　275-2022657　3欧元　★★★★★

提林斯是代表古代迈锡尼文明的重要遗迹，在《荷马史诗》中相当著名，也是希腊神话中大力神海格力斯完成他12项伟业的地方。但是很长一段时间内，人们都认为它只是一座传说中的城市。直到19世纪德国著名的考古学家海因里希·施里曼终于将它找到，当整座遗迹出土时，所有人都震惊了。这里体现出来的繁华和先进让每个人都感到不可思议。提林斯遗迹中间是一座巨大的王宫，四周建筑也都相当华丽，在城池周围围绕有坚固的城墙，《荷马史诗》称之为“铜墙铁壁”，相当著名。如今这里作为希腊保存最完好的古代城邦遗迹，入选为世界文化遗产。

06 埃皮道洛斯遗迹

赏

祭祀医神阿斯克列皮亚斯的圣地

雅典Kifissou巴士总站乘巴士在Ligourio镇下

275-3022587 6欧元 ★★★★★

埃皮道洛斯遗迹距离纳普良只有30公里，是祭祀医神阿斯克列皮亚斯的圣地，同时也是古希腊最重要的医疗圣地。这里拥有祭祀医神的神殿，还有可以容纳14000人的巨大剧场。从古到今，每年的7月底到8月，这里都会举行盛大的埃皮道洛斯庆典，人们可以坐在这座世界遗产中欣赏美妙的古希腊歌剧和传统艺术表演。此外，这里作为希腊最重要的医院，也有着完备的医疗设施，从发掘出的各种文物和遗迹来看，古希腊人早已开始从生理和心理两方面进行治疗，并且早已发现心理的治疗与身体医疗一样重要，让现代人惊叹不已。

看点 01

博物馆

埃皮道洛斯珍贵文物的集聚地

位于埃皮道洛斯遗迹一侧的博物馆是专门陈列从遗迹中发掘出来的各种珍贵文物的地方。这座博物馆并不大，看上去比较简陋，保存比较完整的大理石廊柱、雕像等都存放在此。里面有一些医神阿斯克列皮亚斯的雕像，他手持的木杖上缠绕着巨蟒，据说这巨蟒是医神的使者，至今它还作为国际急救的标志出现在全世界。在博物馆里还收藏着一些当年的器具，如镊子、针等，让人体会到古希腊的先进医学。

看点02 剧院与运动场

古希腊辉煌时期的代表作

在古希腊时期，埃皮道洛斯每年都会举办盛大的医神祭典，在祭典上除了有盛大的体育竞技比赛和戏剧表演外，还有来自全国各地的医神信徒到这里来还愿。剧院和运动场就是他们进行活动的最主要场地。如今剧院早已变为了一堆乱石，已经看不出过去建筑的造型，只能从瓦砾上的精美纹饰和浮雕上看出当年这座建筑的精巧。而一边的椭圆形运动场倒是保持了原有的形态，其中的跑道、裁判席、观众席等都清晰可见，完全可以想象古代运动员们在这里飞奔的雄姿。

看点 03

医疗室

现代医疗理念的先驱

在遗迹的一边有一座座的房基遗址，据说这里就是古代的医疗室。埃皮道洛斯可以说是现代医疗理念的先驱地，古代希腊人不但重视身体的治疗，还很重视心理治疗。当时的病人往往会在这里住上几天甚至几周，每天接受沐浴、谈话、催眠、按摩、草药等治疗方式。这些遗存的墙基是当时病人和祭典时远来的信徒住宿的场所，在里面还有一些当时的医疗设施，不过具体的作用已经无法考证了，只能依靠想象来了解当时的医疗过程。

看点 04

大剧场

独特的扇形结构宏伟建筑

大剧场是遗迹中保存最为完好的部分，建于公元前4世纪，可容纳14000名观众，最初是4年一度的医神祭典中的戏剧表演场所。剧场依山而建，宏伟壮观，大理石座位顺着山势向上排列，观众席分为上下两个部分，中间横列有一级疏散通道。下面部分共有34排座椅，上面部分有18排座位。独特的扇形结构建筑使整个剧场的音响效果格外好，站在剧场中心点的石头上，声音可清晰地传到最上层的座位，让人不禁惊讶于古人的工程技术。

07 摩尼瓦西亚城门与城墙

保护摩尼瓦西亚

TIPS

雅典Kifissou巴士总站乘巴士在摩尼瓦西亚下 ★★★★★

摩尼瓦西亚在希腊语中的意思是“单一入口”，这里其实是一座离伯罗奔尼撒半岛不远的小岛，通过一条堤道和半岛相连。在摩尼瓦西亚靠近海湾的地方就是旧城区，当年当地人为了躲避土耳其人的进攻，特地把自己的居所都建造在了山谷之间，周围围上了一道厚厚的城墙。城墙沿着山势将整个小镇包围了起来，至今保存依然完好。这条城墙相当厚，可谓是易守难攻。一座大大的城门正是将小镇和外界隔离开来的屏障，这是小镇的西城门，也是进入小镇的最主要入口。城门和城墙结合起来成为了一处完美的防御工事，是千年来这座小镇能一直保持平静生活的原因之一。

08 下城区

宁静祥和的居民区

TIPS

摩尼瓦西亚巴士总站步行可到

★★★★★

通过西城门进入摩尼瓦西亚，下城区展现在眼前。这里是古代当地平民居住的地方，环境宁静而雅致，周围是一片片菊花和橄榄树，沿着狭窄的石板路，可以在城中慢慢散步。在下城区到处都是古典风格的民居住宅，还能看到造型精美的拜占庭风格的东正教教堂。这里的教堂密度之高让人颇感惊讶，几乎每走一段就能看到一座教堂。贾乌米广场是下城区最热闹的地方，这里原本是一处清真寺，如今则成为小贩们出售纪念品、当地小吃的集中地，在一旁还有一座小型的博物馆，里面陈列着摩尼瓦西亚最珍贵的文物，很有看头。

09 上城区 逛

曾经繁荣无比的贵族聚居区

从下城区沿着一条道边开满鲜花的石板路就能来到上城区，这里是过去贵族所生活的区域，据说在最繁荣的时候曾经居住了上万人。如今这里归于沉寂，甚至有点荒凉。现在上城区的民居不是很多。到达上城区的摩尼瓦西亚城堡遗迹后，会给人一种豁然开朗的感觉。整个城墙、城门、新城区、下城区等一览无遗，在这里能慢慢地寻找摩尼瓦西亚最美的景色。此外，在上城区的悬崖边上还有一座圣索菲亚教堂，这是一座非常漂亮的拜占庭风格教堂，在教堂里能看到精美的拜占庭风格瓷砖拼贴画、孔雀造型的雕刻和大理石浮雕，极具艺术感。

TIPS

摩尼瓦西亚巴士总站步行可到 ★★★★★

10 奥林匹亚考古遗迹 赏

众神的居所

奥林匹亚考古遗迹在伯罗奔尼撒半岛西部的山谷里，史前时代就有人居住。在公元前10世纪，奥林匹亚成为祭祀宙斯的中心，是传说中众神所居住的地方。这处考古遗迹的中心为神殿区，坐落着宙斯神殿、赫拉神殿和其他大小不一的神殿，还有数量不少的宝库、祭坛、管理所等建筑。整个神殿区都被围墙所围绕，在围墙之外则是各种运动设施以及旅社、浴室等。奥林匹亚自古以来就是各方健儿比拼体育实力的好地方，尤其作为古代奥林匹克运动会的举办地，特地为了奥运会而保留了很多重要的运动场地。现在每次奥运会开办前，都要在这里采集奥运圣火。

TIPS

奥林匹亚火车站或巴士总站步行可到 262-4022517 9欧元 ★★★★★

看点01 宙斯神殿

奥林匹亚遗迹的中心建筑

雄伟的宙斯神殿是奥林匹亚遗迹的中心建筑，神殿中曾经矗立着一座高大的宙斯神像，由古希腊的大雕刻家菲迪亚斯所设计。在现存的史料当中，对这座宙斯神像的描述极尽赞美。这座神像采用了所谓“克里斯里凡亭”技术，在木质支架外加象牙雕成肌肉和金制的衣饰。宝座也是木底包金，嵌着乌木、宝石和玻璃，极尽奢华。著名的拜占庭旅行家费罗在撰写记述世界七大奇迹时说：“我们以其他六大奇迹为荣，而敬畏宙斯神像。”

看点02 菲利普之屋

凯罗尼亚战役的纪念堂

菲利普之屋是一座很特别的屋子，这座圆形基座、围有一圈爱奥尼亚式石柱的建筑物，主要是为纪念公元前338年马其顿国王菲利普在凯罗尼亚之役中的胜利而建的。在此战役中，马其顿击败了雅典及底比斯的联军。这座圆形的纪念堂中原本还立有菲利普的儿子——马其顿国王亚历山大和其母亲的雕塑，不过至今已经无迹可寻了。站在菲利普之屋仅存的三根柱子之间，菲利普和亚历山大父子俩的赫赫军功仿佛历历在目。

看点 03 菲迪亚斯工作室

著名雕塑家的工作室

菲迪亚斯工作室就位于宙斯神殿旁，是菲迪亚斯指挥建造宙斯神像时的工作室。菲迪亚斯是古希腊最著名的雕塑家，帕特农神殿中的雅典娜像和奥林匹亚四周神像等一系列古希腊最重要的雕塑都是出自他的手。由于这座工作室常年被土壤掩埋，因此完好地保存了原貌。如今工作室里还保存着当年建造宙斯神殿时的材料，包括象牙碎屑、铅、铁、青铜、染料、石膏模型等，上面都有着精美的花纹和浮雕，反映出菲迪亚斯超乎常人的艺术感觉。

看点 04 体育场与赛马场

古代奥运会的主会场

奥林匹亚体育场是古代奥运会的主会场，四周有大片坡形看台，西侧设运动员和裁判员入场口，场内跑道长210米，宽32米。它与附近的演武场、司祭人宿舍、宾馆、会议大厅、圣火坛和其他用房等共同构成了竞技会的庞大建筑群。现遗址上建有奥林匹亚考古博物馆，馆内藏有发掘出土的文物，包括大量古代奥运会的比赛器材和古希腊武器甲胄等。在体育场的一侧还有赛马场，是过去赛马比赛的举办地。赛马场的面积比体育场还要大，如今早已一片荒芜，看不出原来的样子了。

看点05 赫拉神殿

奥林匹亚遗迹中最古老的建筑之一

赫拉神殿是奥林匹亚遗迹中最古老的建筑之一，建于公元前600年左右，是希腊最早的神殿之一。公元前776年，第一届古代奥林匹克运动会在这里举行，从而拉开了奥林匹克运动长达2000多年的历史序幕。在高大的石基上，迄今仍残留着几根灰褐色的高大立柱，象征着昔日的壮丽雄伟。神殿东面是赫拉祭坛，也是现代奥运会圣火燃起的地方。每当奥运会召开前，女祭司们都会在这里用太阳光取火器点燃奥运圣火，然后这圣火将通过火炬传播到全世界。

11 奥林匹亚考古博物馆

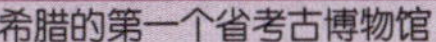

希腊的第一个省考古博物馆

奥林匹亚考古博物馆是希腊的第一个省考古博物馆。它建于19世纪，主要展览从奥林匹亚发掘出来的物品。在1970年修复之后，这里又用来保存青铜器并举办奥林匹亚的历史展。这座博物馆就位于奥林匹亚遗迹的北侧，在9个展厅里，有两个小厅展出公元前3500年至前1600年的各种石器和陶器，以及公元前9世纪的矛、剑、斧等铁器，其他展厅主要陈列奥林匹亚地区出土的栩栩如生的塑像。其中较珍贵的有大力神海格力斯像、宙斯妻子赫拉头像、胜利神帕欧尼奥斯像，以及希腊诸神宙斯、波塞冬和雅典娜等会战恶魔的浮雕，此外还有罗马时代的大理石雕像群，都是极有价值的展品。

奥林匹亚火车站或巴士总站步行可到 262-4022544 9欧元 ★★★★★

GREECE GUIDE

greece

畅游希腊

6

爱琴海·克里特岛

爱琴海是地中海的一部分，是孕育古代希腊文明的源泉。这里是黑海沿岸国家通往地中海以及大西洋、印度洋的必经水域，在航运和战略上具有重要地位。爱琴海海岸线非常曲折，港湾众多，共有大小约2500个岛屿，也有“多岛之海”的称呼。

01 伊拉克里翁考古博物馆

赏

克里特岛的古文明汇聚之地

伊拉克里翁考古博物馆是克里特岛最具吸引力的展馆，那里收藏着众多米诺安文明的遗物，其重要性及地位在全希腊仅次于雅典国立考古博物馆。这个博物馆共分为20个展室，每一个都有着自己鲜明的主题，可以更深入地游览米诺安文明的各遗迹，岛上各地出土的米诺安皇宫遗址、城镇出土的古物，包括陶土器皿、壁画、金饰、青铜器具，以及精彩的壁画等一一展现在游人面前，其中最知名的当属公牛头酒器、象形文字陶板等。

TIPS

1 Xanthoudidou Street Herakeion 281-0279000 6欧元 ★★★★★

看点01 公牛头酒器

米诺安文明的华丽风范

公牛头酒器是米诺安文明的产物，大约制造于公元前17世纪，虽然长埋地下，但在重见天日后依然保存着旧有的华丽风范。这件宝物是由黑色的石头雕刻而成的，两只牛角用黄金打造，形成漂亮的曲线，而它的眼睛则是由水晶精心打磨而成的，起着画龙点睛的作用。来到博物馆的游客都会驻足欣赏这件物品，并遥想它与著名的米诺陶诺斯牛头人之间的关系。

看点02 持蛇女神像

工艺精湛的上古文物

持蛇女神像是从克诺索斯遗迹中发掘出来的，雕刻非常精细，有着超越时代的先进水准，是古希腊文明的早期代表作之一。在米诺安文明的记载中，蛇是象征繁衍和生殖的动物，因此考古学家推测它是米诺安人用于祈祷获得子孙的物品。这座雕像五官精细，身材匀称，给人以典雅大方的感觉。根据推测，它大约是公元前16世纪的作品。

看点03 象形文字陶板

古希腊文明的早期代表作之一

米诺安文明是上古人类的文明之一，它虽然消逝在漫长的历史长河中，但依然通过众多神话故事留下了它的部分痕迹。这个象形文字陶板是克里特岛上的重要发现物之一，它是公元前17世纪的作品，上面还撰写着众多文字，由外向内，可惜的是发现至今还没有任何学者能解读这些文字图案的意义。这个陶板的圆度在那个时代已经算是很完美的作品，让人不得不佩服制作者的精湛工艺。

看点04 黄金蜜蜂垂饰

造型精美珠宝的代表作

第七展室陈列着众多造型精美的珠宝，其中以黄金蜜蜂垂饰最为珍贵，它是由黄金雕刻而成的，不仅代表着当时工匠的高超技艺，还是当时金属冶炼技术的结晶。蜜蜂的身上有着细腻的纹路，即使是现代工匠也很难制作出来。来到这里的游客可以驻足欣赏该饰物的华美之处，遥想一位位古希腊美女佩戴该饰品时的情景。

02 克诺索斯王宫

赏

米诺安文明的象征

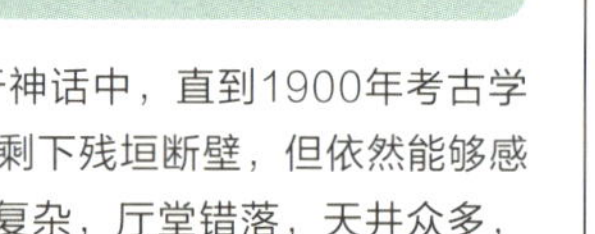

克诺索斯王宫是希腊神话中米诺陶诺斯所居住的地方，它一度被认为只存在于神话中，直到1900年考古学家在克里特岛挖掘出了该王宫的遗迹，才证实了这里的存在。虽然这座王宫现在只剩下残垣断壁，但依然能够感受到它的雄伟气势。宫内厅堂房间总数在1500间以上，楼层密接，梯道走廊曲折复杂，厅堂错落，天井众多，布置不求对称，出奇制巧，外人难觅其究竟，因此有着“迷宫”的称号。漫步在遗迹中还能看到众多精美的装饰，它们的历史虽然久远，但外表依然华美。

TIPS

A巴士总站乘2号蓝色巴士可到 281-0231940 6欧元 ★★★★★

看点01 王后浴室

克诺索斯王宫最值得参观的景点之一

王后浴室是米诺安王朝的王后和其他王族女性进行沐浴的地方，保存得比较完好，是整个王宫中最值得参观的景点之一。墙壁上描绘着精美的图案，虽然已有几千年的历史，但依然鲜艳夺目，是整个遗迹中最精彩的部分之一。壁画描绘了一只只浅蓝色的海豚，附近还有各种鱼儿在游动。栩栩如生的画面显示出当时王室成员的高雅品位和对生活品质的讲究。

看点02 王后房间

克诺索斯王宫的主要景点之一

王后房间是克诺索斯王宫的主要景点之一，根据考古学家和历史学家的分析，这里曾是王宫最豪华的房间之一。这座殿堂是用整齐的石料砌筑而成的，简洁大方，室内的墙壁上雕刻着精美的花纹。漫步在房屋中，遥想当年米诺安文明的种种传说，帮助忒修斯斩杀牛头怪的阿里阿德涅公主说不定就是在这个房间里长大的。

看点03 仓库遗迹

米诺安王国繁华与兴旺的见证者

仓库遗迹位于大门的左侧，现在虽然只能看到一排排沟道遗迹，但仍能让人感觉到它全盛时期的风采。在这里漫步，游人可以看到一只只古老的陶罐，很可能是储存橄榄油、小麦种子、谷物的地方。仓库遗迹附近还有两只巨大的陶瓶，上面的立体花纹图案十分精美，此种陶瓶在克里特岛的多处遗址中均有发现，可能是当时的常用物之一，由此也可以推断米诺安王国的繁华与兴旺。

看点04 王道

精美宏伟的王宫大道

王道位于克诺索斯王宫的北侧，是一段大型坡道，据推测是供货物运输的道路。王道墙壁上有精美的壁画，其中有一幅戏牛图，图中3位青年男女正与一头公牛角力，这似乎是当时的一项娱乐活动。除此之外，王道上还有其他精美的壁画，它们的题材多种多样，其中一幅以青鸟为主题的绘画最具艺术魅力，不过它现在收藏在考古博物馆中。

看点05 列队壁画走廊

精美壁画的走廊

列队壁画走廊位于克诺索斯王宫的西侧入口处，墙壁上壁画精美，其技艺笔法之精湛，令人称奇不已。这些壁画描绘一群手捧陶壶的青年列队前进，这个景点也是因此得名的。列队壁画走廊位于王宫中的主要道路上，人们由此推测，画上的场景再现了当时人们向国王进贡的盛况。沿着列队壁画走廊，就来到了王宫的中庭，那里视野开阔，还有许多建筑可供参观。

03 1866街 逛

伊拉克里翁的繁华街道

1866街位于哈尼亚地区，是那里最具生活气息的街道，漫步其中，可以感受到与希腊本土繁华风情完全不同的克里特岛的淳朴气氛，无论是欣赏风景，还是饱餐一顿，都别有一番风味。这里的小巷中云集了不少传统美食小店，各式各样的食店招牌应有尽有，不少驰名的美味让人流连忘返。尤其是那些盛在大陶盆里的酸奶，味道极为可口，再搭配上蜂蜜之后，更是令人垂涎三尺。1866街上还有酒吧和咖啡馆，游人们可以在那儿放松休闲一番。

1866 Street ★★★★★

04 Skridlof路 逛

价廉物美的皮件街

Skridlof路也称皮件街，位于哈尼亚市场的后面。顾名思义，这里就是专营各种皮件的地方。据说这里是全希腊最好的皮件街，有不少老字号的店家。不过街上有许多店家挂出来的都是工厂量产的皮件，花时间在店里慢慢找，也能发现不错的东西。这里有一些男生的皮夹克、男女用皮包、皮夹等，有些皮夹上刻有米诺安宫殿遗迹的绘画，比较特别。人们一般会在逛完哈尼亚市场后来到这里，挑选上几件自己心仪的皮件。

Skridlof Road 哈尼亚旧港湾步行可到  ★★★★★

05 哈尼亚市场

十字形的大市场

逛

哈尼亚是克里特岛上仅次于伊拉克里翁的第二大城市，一直以繁盛的商业而闻名。这里保留着浓郁的威尼斯风情，让人感觉好像在以中世纪为背景的电影中漫步一样。在哈尼亚最热闹的Skalidi大街有一座大市场，市场呈十字形，以出售各种食物为主，还有日常用品和纪念品等出售。在这里可以看到当地的各种特产，橄榄油、杏仁、花生果等都是人们最青睐的商品。在出售食物的市场后面还有一处皮件街，可以选购各种皮草制品。

TIPS

Skridlof Road 哈尼亚旧港湾步行可到 ★★★★★

06 萨玛利亚峡谷

欧洲最长的峡谷

萨玛利亚峡谷是克里特岛上最主要的景点，是由白山山脉与佛利卡斯山之间的河流冲刷形成的，也是欧洲最长的峡谷。这里的地形完全可以用鬼斧神工一词来形容，峡谷最宽处有150公里，最窄的两峰之间甚至只有3米，景色十分壮观。如果想要顺利走完这片大峡谷，一双好的运动鞋是必不可少的。这里的山路崎岖难行，河床上也有很多石头，需要处处小心。萨玛利亚峡谷内有各种野生动物及植物，山羊则是萨玛利亚峡谷的代表动物，运气好的话还能在山中和它们偶遇呢。

TIPS

Samariá Gorge, Sfakia, Greece

★★★★★

GREECE GUIDE

greece

畅游希腊

7

爱琴海·罗德岛

爱琴海是地中海的一部分，位于希腊半岛和小亚细亚半岛之间，南北长610公里，东西宽300公里。爱琴海的东北部经达达尼尔海峡与马尔马拉海相连，并且是连接黑海以及地中海的唯一航道。爱琴海海域中岛屿众多、星罗棋布，海岸线曲折，有无数海湾、港口和避风小港；处于亚欧板块与非洲板块挤压碰撞的地带，为地壳不稳定区，多火山、地震。

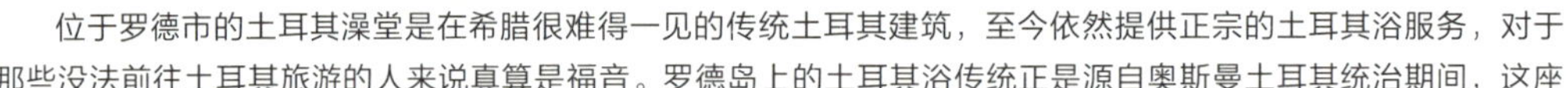

01 罗德市土耳其澡堂

娱

体验正宗的土耳其浴

位于罗德市的土耳其澡堂是在希腊很难得一见的传统土耳其建筑，至今依然提供正宗的土耳其浴服务，对于那些没法前往土耳其旅游的人来说真算是福音。罗德岛上的土耳其浴传统正是源自奥斯曼土耳其统治期间，这座土耳其澡堂主要分三间浴室，人们首先进入暖室，在这里先放松身体，然后将冷水泼在自己身上，之后进入旁边的热房中冲洗，并接受土耳其传统按摩，最后在冷房中休息，待全身干后方才算完成了整个过程。人的身体就在冷热交错之间得到了最大的放松，据说还对感冒等疾病有疗效，有机会一定要尝试尝试。

TIPS

Platia Arionos Old Town 281-0279000

5欧元 ★★★★★

02 骑士军团街

历史悠久的街道

骑士军团街是中世纪时医院骑士团驻扎的街道，那里的建筑物大都是中世纪时建造的，每一栋建筑门上镶着大理石家徽，用以区别主人的国籍。漫步在街道上，两侧为整洁典雅的房屋，由石块砌筑而成，坚固大方，在必要时还可以成为防御工事。医院骑士团是中世纪三大骑士团之一，它的成员很多是意大利人，所以这条街道上又能感受到鲜明的亚平宁特色。

TIPS

罗德港步行可到 ★★★★★

03 考古博物馆

记录罗德岛历史的博物馆

罗德岛历史悠久，早在古希腊时期就享有盛誉，到了中世纪则是众多骑士团的所在地。考古博物馆就设立在一座骑士团医院的旧址上，其建筑造型十分优美，是一座充满魅力的艺术品。漫步在博物馆中可以看到众多展品，其中以罗德岛美神最为珍贵，它是一件大理石女神像，是公元前1世纪的作品。另一间展厅内的达拉西亚美神雕像的历史可以追溯到公元前4世纪，是五官清晰、肢体丰满匀称、比例适当的精美艺术品。

TIPS

Platia Arionos Old Town 224-1027657

6欧元 罗德港步行可到 ★★★★★

04 伊波克拉特斯广场

罗德市的城区广场

罗德港步行可到 ★★★★★

伊波克拉特斯广场位于罗德市的城区中央，是这座城市最繁华的地方，同时也是旧城区的地标式景点。广场的四周遍布着众多古老的建筑，还围绕着多家商铺、餐厅，是游人购物和品尝美食的最佳地点。伊波克拉特斯广场上的核心景点是一座造型优美的喷泉，其附近还有众多露天咖啡馆，游人可以一边休息，一边感受水流带来的凉意。这个广场四通八达，一条条道路连接各处景点，从这里出发可以感受罗德市的城市风情。

05 骑士团长宫殿

气势雄伟的殿堂

罗德岛曾是医院骑士团的驻地，骑士团在小岛修建了坚固的要塞，这就是著名的骑士团长宫殿。这座宫殿是典型的中世纪堡垒建筑，外侧高大坚固，曾经成功抵御过土耳其人的进攻，内部的豪华装饰则是1856年重建时进行设置的，富丽堂皇的气息令人赞叹无比，因此成为了墨索里尼和埃曼纽尔三世的别墅。现在的骑士团长宫殿被辟为博物馆，里面展出着众多与医院骑士团相关的文物，既有骑士们穿着的板甲，也有他们所使用的各种武器。

TIPS

224-1023359 6欧元 罗德港步行可到 

06 罗德市新城

逛

罗德市的新城区

罗德市新城是罗德岛现代成就的象征，矗立着众多现代建筑，虽然与别的城市略显同质化，但也是该岛走向新生的象征。来到这里的游客们首先注意的就是位于曼卓基港口区的青铜鹿雕像，它们位于高塔之上，一左一右护卫着港口的安全。新市场是这里的重要城区，遍布着多家商店和餐厅，是人们购物休闲的好地方。这里还有一段古城墙一直延伸到海边，形成了金色的城墙与蔚蓝色的大海相互呼应的独特美景，常有游人在此拍照留念。

GREECE GUIDE

爱琴海·米克诺斯岛

爱琴海属地中海气候，冬季温和多雨，夏季炎热干燥。盛行北风，但每年9月到次年5月有时刮温和的西南风。

01 Akti Kambani路

风景优美的道路

Akti Kambani路是最具米克诺斯风情的道路，它位于海湾的对面，两侧林立着一座座造型典雅的民居建筑。在那里可以看到许多戴着圆扁帽、留着络腮胡、50岁上下的渔夫，每个人的体型都圆圆胖胖的，但手臂上肌肉的线条和脸上的皱纹却刻画着生活的艰辛。道路上铺砌的石板饱经风霜的洗礼，有些凹凸不平，和附近整洁典雅的白色房屋形成了鲜明的对比。

* 鱼市

米克诺斯岛最热闹的市场之一

鱼市位于Akti Kambani路中央，是小岛最热闹的市场之一，每天早上渔民们从海区满载归来之后，就会到这里售卖捕捞的新鲜水产。最早来购买鱼鲜的大都是餐厅的厨师，他们需要鲜美的水产做出可口的饭菜，普通居民则要稍晚一些才会到来。这里出售的海鲜主要以章鱼、鲷鱼、乌贼等海味为主。旁边还有一只只正在走动的鹈鹕，以撒娇乞求的方式讨要新鲜的鱼儿来吃。来到鱼市可以感受米克诺斯岛淳朴真实的一面。

TIPS

雅典乘飞机在米克诺斯岛下 ★★★★★

02 农业博物馆 赏

记录米克诺斯岛传统生活方式的博物馆

Ano Mili ☎228-9026246 ★★★★★

米克诺斯岛的风车大都是私人所有，只有城郊的波尼风车对外开放，完整地呈现了当地居民运用风车进行生产的生活方式，因此也是一座农业博物馆。除了风车外，这里还有风车看守者的家、猪圈、户外烤箱等设施供参观。米克诺斯岛上的风车大都位于小山之上，在那里可以俯瞰附近地区的优美风光，并遥望远方的蓝色大海。

03 爱琴海海事博物馆

记录希腊海运的博物馆

爱琴海海事博物馆是小岛上的著名展馆之一，它开放于1985年，是全面介绍希腊航运历史的博物馆。这座私人博物馆位于市区的中心地段，因此常有游人前去参观。那里展出米诺安时期至19世纪的船只模型和历史文件，以及稀有的航海用具、地图等物品，让参观该馆的游客对希腊的航运历史有一个大概了解。爱琴海海事博物馆的馆外花园也颇有看头，园内的大理石仿制雕像曾是希腊最受欢迎的出口物品之一。

* 莲娜的家

19世纪中产阶级家庭的代表作

☎210-9238175 ¥5欧元 ★★★★★

莲娜的家完好地保存了19世纪时期米克诺斯岛中产阶级家庭的模样，能够让参观者从一个侧面了解这座小岛的过去风貌。进门之后就是客厅，靠墙摆放着一个南欧传统样式的长形沙发，上面铺设的刺绣、蕾丝花边等装饰品是当地著名的手工艺品。屋内还有卧室、厨房等设施，空间显得颇为紧凑。莲娜的家房屋格局、天花板的设计风格、家具的摆放等都延续着当地的传统生活形态，让人遥想当时的居民是如何生活的。

04 帕拉波尔提亚尼教堂

赏

洁白典雅的教堂

帕拉波尔提亚尼教堂是米克诺斯岛上众多教堂中最知名的一座，造型精美典雅，白色的外墙美轮美奂，是爱琴海风景宣传照上的明星主角之一，又有着“白教堂”的美誉。这座教堂位于海港旁边，环境悠然宁静，给人平和温馨的感觉。帕拉波尔提亚尼教堂的主体造型有着鲜明的巴洛克风格，虽然没有繁复的花纹，但蓝色的圆顶与众不同。漫步在教堂四周，可以从不同的角度欣赏这里的美景，随手一拍就是就是一张明信片般的风景照。

TIPS

Mykonos Town, Mykonos Island 84600 ★★★★★

05 风车 赏

米克诺斯岛上的独特景观

米克诺斯岛景色优美，清爽的海风一年四季往返不停，因此岛上的居民们建造了很多风车。虽然随着现代化农业的发展和旅游事业的旺盛，这里的风车大都停止了运转，但仍有不少作为旅游项目开放，尤其在小威尼斯南侧，5座风车一字排开，白色的圆形建筑上覆盖着稻草屋顶，宛如名画。到了黄昏时分，众多游人聚集在一起，等待落日从风车前落入水面的那一刻，那种美丽的景象令人久久难以忘怀。

Mykonos Town, Mykonos Island 84600 ★★★★

06 小威尼斯

景色优美的海滨街区

逛

TIPS

Mykonos Town, Mykonos Island 84600 ★★★★

小威尼斯位于米克诺斯市区边缘，那里拥有一道弧形的优美海湾，一栋栋鳞次栉比的房屋面朝大海，酷似意大利水城威尼斯。这里景色优美，游客们既能欣赏到波澜壮阔的海景，又能看到温馨典雅的房屋。一家家正对海岸的餐厅被一条蜿蜒崎岖的道路所连接，热情的服务员大声招揽着顾客。许多观光客都抵挡不了一边欣赏美景，一边品尝佳肴的诱惑。到了夜间，盏盏灯火逐渐亮起，充满了浪漫的气息。

07 米克诺斯岛海滩

玩

适合度假的平缓海滩

米克诺斯岛是著名的度假胜地，那里地理环境优越，海滩坡度平缓，滩面宽阔，水质明净，无论是进行水上活动，还是欣赏最迷人的日出，都是人们的首选热点。附近还有米克诺斯岛众多的旅游景点，其中包括著名的小威尼斯等景区。漫步在各处海滩上，不仅能够欣赏大海壮丽的风光，还能看到来这里进行天体活动的各地游客，他们的大胆作风令人啧啧称奇。米克诺斯岛上的普拉提海滩与奥诺斯海滩都是适合家庭度假的地方，而卡拉法蒂斯海滩则是以

TIPS

228-9022325　2欧元、

看点
01

天堂海滩

壮美刺激的天堂乐园

天堂海滩的海沙沙细而均匀，在海滩上不只是欣赏自然风光，还可以亲自体验大海的壮美和刺激，并进行潜水、帆板、水上摩托等水上娱乐项目。在海滩上的大小餐厅里，还有新鲜的海鲜可供品尝。天堂海滩的岸边遍布着众多酒吧，每到黄昏时分，聚集着红男绿女，他们在节奏感强烈的音乐陪伴下，尽情地起舞，将气氛烘托得十分热烈。

看点02 Platys Gialos Beach

风景优美的著名海滩

Platys Gialos Beach是米克诺斯岛上的著名海滩之一，那里风景优美，沙滩柔软，但真正让该海滩出名的却是岸边众多的饭店。来到这里的游人们可以在品尝完美食之后来到岸边，在饭店前的沙滩上休闲一番。那些摆放整齐的躺椅和太阳伞都是服务设施，有接待人员穿梭其间，为饭店的顾客端送饮料。游人们在Platys Gialos Beach可以悠然享受闲暇时光，并体验按摩服务。

看点03 超级天堂海滩

心驰神往的静谧天堂

超级天堂海滩的地理位置较为偏僻，游人稀少，因此成为喜爱清静的游客们前往的地方。这里的风景可一点也不比别处逊色，金黄色的沙滩，蔚蓝的海水，空灵的蓝天，组合成一处让人心驰神往的海滩美景。经常可以看到人们用沙子在沙滩上堆起一座座城堡，然后看着涨潮的海水将其冲塌，别有一番乐趣。超级天堂海滩的活动颇为丰富，人们可以在海水里玩水嬉戏，或是在沙滩上享受惬意的日光浴，无论是喜欢动还是喜欢静的人都能在这里找到自己的乐趣。

08 考古博物馆 赏

记录米克诺斯岛历史的博物馆

考古博物馆是米克诺斯岛上最具吸引力的博物馆，收集了该岛和邻近的瑞尼亚岛上所出土的文物。这个展馆是一座具有百年历史的新古典主义建筑，是岛上的地标之一，馆内共分为5个展区，并以年代作为划分标准。考古博物馆内收集了大量基克拉迪文明的物品，其中包括珍贵的珠宝、制作精美的陶器和厚重的墓石等。馆内最引人注目的是位于展厅中央的巨壶，是古希腊时代的作品，上面雕刻着特洛伊战争的场景，画面壮观而精美，令人赞叹不已。

TIPS

228-9022325 2欧元 ★★★★★

09 民俗博物馆

体现小岛传统风情的博物馆

民俗博物馆的历史相当悠久，由一位船长的旧居改辟而来，里面展出了米克诺斯岛民的传统生活方式，值得参观。这座博物馆所在的房屋建于18世纪，典雅大方，室内的厨房、卧室、客厅等房间也保持着传统风格。这里的家具中有许多都是前主人从国外买回来的精品，其中包括雕工精美的柜子、装饰着许多珠宝的镜子等，靠墙的沙发则是米克诺斯岛的传统家具，墙上悬挂的盘子则是罗德岛的特产。有趣的是，这里客厅和餐厅的空间都颇为宽敞，但卧室却相对狭

228-9022591  2欧元  ★★★★★

GREECE GUIDE

greece

畅游希腊

9

爱琴海其他

爱琴海的岛屿可以划分为七个群岛，包括色雷斯海群岛、东爱琴群岛、北部的斯波拉提群岛、基克拉迪群岛、萨罗尼克群岛、多德卡尼斯群岛和克里特岛。这些岛屿各具特色，孕育出了辉煌的文明。这些岛屿是远足的好去处，海滩上游人不多，还有很多独具特色的村落，非常值得游览。

01 爱琴娜岛 赏

距离雅典最近的岛屿

爱琴娜岛是距离雅典最近的一个岛屿，航程仅需一个半小时。在神话传说中，这里曾是宙斯隐藏其情妇的地方。而在古代这里曾是一个繁荣的国家，和雅典之间爆发过多次战争。真正让爱琴娜岛扬名的是萨拉米斯海战，2000多年前，波斯国王率领大军进犯希腊，雅典当时已危在旦夕，不过在名将铁米斯托克力思的率领下，希腊人大败波斯军队，获得了胜利。如今在岛上还保留了当年的遗迹，此外在岛上还有不少希腊古典时代后期的经典建筑。

TIPS

皮瑞斯乘渡轮在爱琴娜岛下 ★★★★

看点01 鱼市

爱琴娜岛最著名的鱼市

从爱琴娜岛上的Kanzantraki路往东南走，就来到岛上最著名的鱼市，虽然市场的面积不大，但也是当地居民不可或缺的生活设施。在这里随处都能见到新鲜的海鲜，都是当地渔民从大海中刚刚打捞出来的。不仅当地人每天都会来这里选购海产，世界各地的游客也会被这里新鲜的海鲜所吸引。不过不用担心买到海鲜没法料理，鱼市后面就有一大片餐厅，每到用餐时间总是人满为患，不论是鱼、虾都烹制得鲜美无比，让人印象深刻。

看点 02

艾菲亚神殿

爱琴娜古老文明的代表作

希腊神话中，艾菲亚是宙斯和勒托的女儿，被爱琴娜岛上的居民们当做岛的保护神。为了纪念萨拉米斯海战的胜利，当地人特地建造了这座神殿。这座神殿是典型的围柱式建筑，原有34根多立克石柱，现在仅存24根。不过神殿的主体完好，是希腊保存最好的神殿建筑之一，是岛上最宝贵的古代遗迹。

看点03

古爱琴娜考古遗迹与博物馆

典型的围柱式建筑

古爱琴娜考古遗迹与博物馆位于岛西北侧一处名叫Kolona的海角之上，老远就能看到这里高高矗立的一根圆柱，这是昔日阿波罗神殿的遗址。这座神殿建于公元前5世纪，经过岁月的侵蚀，如今只剩下地基供人凭吊。遗迹的入口旁建有一座小型的博物馆，主要展示遗迹中发掘出来的各种文物，包括古老的青铜器和深受米诺安文明影响的陶器等。这些文物都是爱琴娜古老文明的精髓所在，是古人智慧的体现。

02 波罗斯岛

逛

一派田园风光的岛屿

TIPS

皮瑞斯乘渡轮在波罗斯岛下 ★★★★

波罗斯岛其实是由卡拉夫里亚和斯费里亚两个小岛组成，两个小岛之间有桥相连。岛的面积虽小，但是风光秀美。岛上遍布着柠檬树和橄榄树，建筑以白色为主，很多白墙前点缀着美丽的花丛。码头边上有几家咖啡馆，在这里品品咖啡，听听音乐，是不错的选择。岛上还有一座小火山，是人们探险登山的好去处。不过岛上最著名的还是要数那一大片柠檬树林。每年5月，一阵阵柠檬的香气让人陶醉不已，此外湮没在青草丛中的古代神殿遗址也不能错过。

03 伊德拉岛 

艺术家之岛

伊德拉岛位于比雷埃夫斯港以南的海面上，距离雅典有3小时的路程。这里依然还保持着古老的生活方式，在岛上看不到一辆机动车辆，所有的运输全都依靠驴车完成。沿着蜿蜒的小路前行，两旁民居的门窗像大海一样蔚蓝，墙壁洁白无垢，映着同样纯净的海水和天空，有着一种说不出的清爽和美丽。岛上优美的景色给来这里的艺术家们增添了很多艺术灵感，故这里有“艺术家之岛”的美称。在全球卖出上亿张唱片的科恩，就是在这个小岛上创作了很多动人的歌曲。

皮瑞斯乘渡轮在伊德拉岛下 ★★★★

钟塔

历史悠扬的钟塔

钟塔位于伊德拉岛的中心地带，建于18世纪，是当地的巴拿格亚修道院的钟塔。建造这个钟塔的石头大部分来自波罗斯岛已经被拆除的波塞冬神殿。这座钟塔高高矗立在一座山坡之上，和周围的民居一样都是纯白色，方形的塔身和圆顶结合在一起，如一尊艺术品般美丽。钟塔里的钟声百多年来一直悠扬地回响，在岛上任何一个地方都能听到。

04 狄洛斯岛

曾经繁华一时的商业中心

逛

狄洛斯岛是希腊神话中太阳神阿波罗的出生地，当雅典人控制了爱琴海的海上霸权之后，就在这里建起了祭祀阿波罗的圣地，直到罗马帝国的势力超过雅典人后，狄洛斯岛才逐渐转变成为自由贸易中心。来自意大利、埃及、中亚等地的商人们齐聚在这里，造就了岛上的繁荣。因为曾有很多有钱的商人居住在这里，因此这里的建筑和其他很多细节方面都极具特色。在岛上随处都能看到精美的马赛克拼贴画，画的内容包罗万象，海豚等是其中最常见的形象。

TIPS

米克诺斯岛乘渡轮在狄洛斯岛下

★★★★

看点01 考古博物馆

多文明交汇的博物馆

考古博物馆里主要陈列着各种雕像、壁画、马赛克拼贴画、珠宝金饰等，是由岛上的各处遗迹中收集而来的。有趣的是，这些象牙制品、罗马的大理石像等展品的工艺风格各不相同，从中足见在古代这里是一个多文明交融汇聚的地方，那些艺术价值极高的雕塑等完全可以视作这个岛上最有价值的文明精华。

看点02 狮子像

狄洛斯岛的标志

狮子像可以说是狄洛斯岛的标志，据说是公元前7世纪的纳克索斯人在这里建造的。这些狮子像很有特点，它们都没有鬣毛，身体有点像海豚，但是神态相当威武，张开嘴作吼叫状，仿佛随时都会向敌人扑过来一般。狮子像在岛上随处都能看到，有的位于山崖边，有的在博物馆里，造型大同小异，一样的精美非凡。

看点03 阿波罗圣地

传说是太阳神阿波罗的诞生地

对于古代雅典人来说，狄洛斯岛是一个神圣不可侵犯的圣地，传说这里是太阳神阿波罗的诞生地。人们在岛上的最高处建起了壮观的阿波罗神殿，那是岛上的中心建筑。如今这座神殿早已成为了一片废墟，但是从神殿残余和高大的柱子依然可以想见它的宏伟巨大。身处其间，给人一种强烈的历史沧桑感。

看点04 金索斯山顶

狄洛斯岛的最高点

金索斯山是狄洛斯岛的最高点，但海拔仅110米，所以要登上去还是很容易的。来到金索斯山顶，会发现这里到处都是古代遗迹，不论是阿波罗神殿还是月神神殿，或是不远处的圆形剧场都位于这里。放眼四望，岛上的景色尽收眼底。遥望大海，还可以看到远处的米克诺斯岛，美丽的海边景色也让人陶醉。

看点05 酒神之屋

华丽神秘的酒神图案

从金索斯山前往圆形剧场的路上，有许多装饰华丽的房舍，这些建筑多为富人的住宅，大部分只有一层，比较大的有两层，酒神之屋就是其中的佼佼者。建筑以石材为主，有些砖砌结构，墙壁涂一层石灰，有些漆着鲜艳的色彩。进入大门后，通常会有一个院子，院子的地板上面还残留有美丽的马赛克图案，讲述的正是酒神的传说，这也是这处建筑名字的来历。

看点06 圆形剧场

传统希腊建筑的浪漫之地

圆形剧场建造在大海边，如今剧场的建筑早已不见踪影，只有圆形的地基和一些残破的砖石在向人们说明这里曾经是一个十分热闹的剧场。这座剧场是传统的希腊建筑式样，当时的演出艺术家们也许会利用背后的大海作为背景来进行一些表演。人们可以站立在原本是观众席的地方，一边感受微微的海风，一边体会当时人们观看表演的感觉。

看点07 海豚之屋

海豚图案的马赛克贴画

海豚之屋是狄洛斯岛上最有名的一处建筑，因中央的地板上有一处海豚图案的马赛克贴画而得名。这座屋子如今已是一片瓦砾，只能大致分辨出屋子里的结构。屋子的墙壁是用石块砌成，石头垒放得十分细密，虽然屋顶等部分现已无踪可寻，但是墙壁依然立在原地。屋子中央地面上用马赛克拼成的海豚图案更是生动，一只黑色的海豚围绕着一个红色铁锚，也许是某贵族的徽章，十分精美。

05 费拉

圣托里尼岛的首府

费拉是圣托里尼岛的首府所在地，这座小镇建立在一处山崖之上，临近大海。镇里到处都是白色的民居，显露出一片优雅安详的气氛。人们从港口步行或骑驴经过Z字形的小径攀登而上，或直接从港口搭乘缆车来到费拉镇中。这里的景色相当壮观，能看到18公里长火山的漂亮全景，从南端的阿克罗蒂里角到北端的尼古拉角，加上中间的火山岛尼亚卡美尼、西部的甙拉西亚岛，以及蓝色的爱琴海海水。时常有大游轮停泊在尼亚卡美尼和费拉之间的小港口。

大教堂

TIPS

阿提尼欧斯港口乘巴士可到

★★★★★

位于费拉镇中心的大教堂是这里的标志性建筑，这是一座标准的希腊东正教教堂，外观和四周的民居一样，呈现纯白色，神圣的感觉油然而生。教堂雪白的圆拱顶在阳光的照射下更加耀眼。每当夕阳西下的时候，美丽的晚霞将这里染上一层淡红色，煞是好看。很多年轻人都将这座教堂当作举办结婚仪式的会场，见证他们最幸福的一刻。

06 卡马利海滩

黑沙滩

玩

卡马利海滩位于圣托里尼岛的东南方，是岛上最著名的海滩之一。来到卡马利海滩上，人们会惊奇地发现这里的沙子居然是黑色的，这里也确实以“黑沙滩”之名名扬四方。海滩两头连着高山峭壁，风景颇为独特。沙滩上有一排排的太阳伞和草编伞棚，不少人在这里静静地享受阳光。此外，卡马利海滩的海水清澈干净，据说还有美容的功效，因此不少爱美的人士专程赶到这里，进入大海畅游，让清凉的海水浸润每一寸肌肤，惬意舒服。

TIPS

费拉乘巴士可到　★★★★

07 古提拉遗迹

伟大文明的遗迹

古提拉遗迹就位于卡马利海滩的不远处，它坐落在海拔300多米的山头上，是20世纪60年代由德国考古学家发现的。早在9世纪时，多利安人在此定居。古提拉历经希腊、罗马及拜占庭等帝国，曾遭遇火山爆发，但目前仍留下不少遗迹，在考古学上的地位不言而喻。漫步在这片遗迹中，看着四处的残垣断壁，尽管已经分不清哪里是宫殿，哪里是民居，但是古人创造出来的伟大文明依然给人带来震撼。由于居高临下，从古提拉遗迹可以俯瞰卡马利海滩以及邻近村落的全景，是观景的好地方。

TIPS

卡马利海滩乘迷你巴士可到 ☎228-60311872 ¥2欧元 ★★★★

08 红沙滩

赭红色的沙滩

玩

红沙滩可是圣托里尼岛上的一大特色，虽然沙滩位于岛上一个偏僻的角落，但是因极具特色的红色沙子而备受人们瞩目，总是人满为患。来到红沙滩，人们会发现这里不仅沙滩是红的，连背后的山崖也是一片红色。事实上这处沙滩上的红色砂粒就是山崖上崩落下来的碎石，在海水的作用下形成了一粒粒细沙。不过这片沙滩并不大，不适合开展各种沙滩活动，最适合躺下享受日光浴，静静地欣赏这里的风景。

TIPS

费拉乘巴士可到 ★★★★

09 荷拉

纳克索斯岛上最大的城市

荷拉是纳克索斯岛上最大的城市，也被称作纳克索斯镇。沿着码头散步，随处都能见到往来的渔船和整理渔网的渔民，一派渔村的宁静气氛。在码头旁的Protopapadaki路上，排列着鳞次栉比的餐厅、纪念品店，是岛上观光气氛最为浓郁的地方。拐进旁边的巷子就是市内的旧城堡区，最重要的建筑当属13世纪的城堡，是这里最显眼的标志。在城堡旁曾是贵族的聚居区，这里有弯弯曲曲的巷弄和一座座精致的房屋，颇具艺术性。而普通老百姓则居住在城堡区的下方。这里每一个转弯、每一间建筑都散发着淳朴的气息，风情万种且各具情趣。

乘渡轮在纳克索斯岛码头下 

10 尼亚卡美尼火山岛

火山喷发形成的岛屿

赏

尼亚卡美尼火山岛位于圣托里尼火山群的中心地带，是16世纪由火山喷发形成的岛屿。登上这座岛，会发现岛上的一切都是黑色的，这都是火山灰的颜色，令人印象深刻。这里地形奇特，经常会遇到崎岖坎坷的登山道路。登上岛屿的最高点后，遥望远处一片片连绵不绝的黑色山脉，疲劳一扫而空。同时由于这里依然是一座活火山，把手贴在地面上还能感受到地下深处传来的熔岩的热量。此外，在岛边海域中还有一处硫黄温泉

TIPS

Palea Kameni

★★★★

看点01

旧城堡区

气势雄伟的家族建筑

旧城堡区是过去统治这里的萨努度家族于1207年定居在纳克索斯时建造的。这座城堡雄踞在荷拉的最高处，共有7座塔楼，是当时最雄伟的建筑。除了要担负起重要的军事防守作用，也成为当地贵族的聚居地，在城堡周围可以看到不少威尼斯风格的建筑，这些建筑内外都装饰得十分华美，石砌的墙壁上还有各自家族的徽章。漫步其间，浓郁的高贵气息扑面而来，让人一下子就能想见当时这里上流人群汇集的场面。

看点02

威尼斯博物馆

贵族生活写照的石砌建筑

威尼斯博物馆是荷拉最吸引人眼球的地方，这座博物馆是一座建于13世纪的石砌建筑，高级家具、绘画、雕塑、工艺品等都摆放得错落有致，是当时贵族生活的写照。穿行在一间间展室中，就好像在别人家做客一般，看着眼前13世纪代表性的装潢和摆设，不难想象当时贵族们是过着多么奢华的生活。此外，这里除了有静态展览外，还会经常举行各种音乐会，一边听着优雅的音乐，一边品尝当地特色的美酒和佳肴，简直就是一种享受。

看点 03

阿波罗神殿

纳克索斯岛标志性的历史遗迹

阿波罗神殿堪称是纳克索斯岛的地标，它巍然屹立于荷拉港口北侧的山头上，巨大的大理石石门十分显眼。这座建筑建于公元前552年，是当时全希腊最大的阿波罗神殿，神殿的方向正对着传说中阿波罗的诞生地狄洛斯岛。传说当时为了方便修建这座建筑，国王甚至下令建造了一条长长的堤岸和本岛相连。如今这座神殿早已成为历史的遗迹，仅存孤独的石门和数块大理石地基。每到夕阳西下，斜阳会出现在石门之中，那景色十分优美，不可错过。

11 埃皮朗塞斯

最具田园风情的小镇

荷拉乘巴士在埃皮朗塞斯下 ★★★★

在纳克索斯岛的40多个村镇里，埃皮朗塞斯是最具田园风情的一座。这座小镇依山而建，最初是岛上最主要的矿业基地，因此这里的民居都是用开采的金刚砂砌成的，并以石板小路和石阶连通。从山脚沿着石阶漫步向上，一座座形态古典的民居出现在眼前，洁白的外墙配上五颜六色的大门，给人以浓郁的艺术感。偶尔还能看到当地居民坐在大树下喝着咖啡聊天，一派悠闲自在的氛围。民居周围则是绿色的山谷，一层层梯田顺山而上，种植着马铃薯等作物，宛如一幅描绘乡土风情的油画。

12 伊亚

圣托里尼岛上最美的小镇

伊亚号称是圣托里尼岛上最美的小镇，这座小镇依山而建，到处都是通体雪白的欧洲古典建筑。来到这里就好像进入了一个童话世界一样，纯净的色彩让人的内心仿佛被洗涤了一般。这里背山面海，风景绝佳，在小镇的任何一处都可以远眺蔚蓝的大海，感受海风吹拂的舒适。穿梭在一条条小巷中，这里随处透露出来的悠闲气氛也让人颇感惬意。此外，小镇上的居民个个心灵手巧，在店铺里总能看到一些色彩丰富、造型精致的陶器，留作纪念品是再好不过了。

TIPS

费拉乘巴士可到 ★★★★

GREECE GUIDE

greece

畅游希腊

10

希腊其他

01 苏尼奥

希腊知名的观海景点

苏尼奥海岬是希腊知名的观海景点，它位于巴尔干半岛最南端，在希腊神话中是雅典娜和波塞冬争夺雅典控制权的地方。当时这两位大神每人要给当地人送一件礼物，波塞冬送出的是一匹神勇无比的骏马，而雅典娜则送出了能给人们带来财富的橄榄，最后当然是雅典娜获得了胜利。虽然神话故事已经过去了数千年，但是这里的景色却依然美丽非凡，在这里眺望远处的爱琴海，阵阵海风吹拂在脸上，让人不禁心旷神怡，好像和大自然融为了一体。

Sounion　雅典巴士总站乘巴士在苏尼奥下　4欧元　★★★★★

海神殿

壮观辉煌的神殿遗迹

海神殿位于苏尼奥的海角边，虽然神话中波塞冬在和雅典娜争夺雅典的过程中失败了，但雅典人还是在这里建起了海神殿来祈祷海战的胜利。如今这座海神殿仅剩下一些残垣断壁，但巨大的立柱依然展现出当年的壮观辉煌。每到夕阳西下，颇具沧桑感的神殿遗迹在远处大海和斜阳的映衬下，更显出无限魅力，让人不由感叹历史的变迁。

02 德尔菲阿波罗圣域

赏

阿波罗信仰的中心

德尔菲阿波罗圣域自19世纪被发现和开发以来，一直都是最受希腊人喜爱的观光目的地。这里曾经被认为是地球的中心，被当作“大地的肚脐”，古人在这里建造起壮观雄伟的阿波罗神殿，据说这里还有接受神谕的特别功能。如今各种建筑早已化为了一片瓦砾，但是从剩下的残垣断壁中还是能体会到当年的豪华壮美。尤其是正中的阿波罗神殿最为豪华，如今还留存有7根高大的科林斯式石柱，神殿中心也依稀可辨，当年的盛景依然可窥一斑。

雅典Liossion巴士总站乘班车在德尔菲巴士总站下车步行15分钟 ☎226-5082312 ¥6欧元

★★★★★

看点01 罗马市集

热闹非凡的历史遗迹

罗马市集是当时人们进行贸易的地方，如今也早已荒废，仅剩下一些店铺的痕迹可以供人们凭吊。在这里可以看到一个个开凿在山崖上的拱形山洞，这就是当时被用作店面的地方，可以想象当时的商人就是在这些山洞中，摆上自己的商品不断叫卖，来自希腊各地的朝圣者也都会购置一些，场面相当热闹。

看点02 皮西亚庆典

阿波罗圣域最重要的祭典

皮西亚庆典是阿波罗圣域最重要的祭典，在古希腊时期是和奥林匹克运动会相提并论的重要活动。最早皮西亚庆典9年举办一次，内容也以喜剧和娱乐为主。后来为了和斯巴达人主导的奥运会相竞争，也改为4年一届，内容也以运动竞技为主，其主赛场就设立在德尔菲的竞技场。庆典期间来自雅典的运动好手们齐聚一堂，相互竞争，十分热闹。

看点03 圣道

阿波罗神殿朝圣的必经之路

圣道是从山脚去往阿波罗神殿的道路，是当时朝圣者的必经之路。如今，圣道遗迹两侧还能看到不少石柱和神像，每一根柱子和神像都是朝圣者所立，表达他们对阿波罗的敬仰。沿着圣道一路向上，会感到这里庄严神圣的氛围越来越浓厚，来到最高处的阿波罗神殿，每个人都能体会到当年朝圣者的感受，让人不禁感慨万千。

看点 04 竞技场

皮西亚庆典的主会场

竞技场位于阿波罗神殿不远处，是举行4年一度的皮西亚庆典的主会场。这处竞技场呈椭圆形，四周是长长的用石灰线界定的跑道。游客依然可以清晰地分辨出起跑线和终点线，甚至可以看到为运动员起跑而设计的脚位。每到皮西亚庆典的时候，来自希腊各个城邦的运动好手们都会齐聚在这里，其盛况丝毫不亚于奥林匹克运动会。

看点 05 雅典人柱廊

历史悠久的雅典文明

雅典人柱廊是目前保存下来的阿波罗神殿的一部分，是雅典最著名的建筑师菲迪亚斯的作品，如今仅留存下来3根多立克式石柱。值得一提的是柱廊的墙壁，这座墙壁是用大块的石头砌成，石灰岩块就像拼图一样紧密地镶嵌在一起，十分坚固，历经数千年依然屹立不倒，让人不禁赞叹古代匠人们的高超技术。

看点06 宝库

城邦辉煌的艺术品

在圣道沿途可以看到很多大大小小的神殿式建筑，这些就是宝库。它们的分布没有规则，是由各个城邦在喜庆的节日时自行兴建的。它们作为“祈愿堂”存放各种祭献的物品，以及用来颂扬城邦辉煌的艺术品。德尔菲是希腊各个圣地中宝库最多的一处，一共有20多个，虽然里面的祭品大多已经丢失，但是建筑本身就是难得的珍贵宝藏。

看点07 阿波罗神殿

气势恢宏的历史遗迹

阿波罗神殿是整个德尔菲的中心，希腊人每当遇到难题时，都会来到这里，请求女祭司皮西亚的帮助，获得神谕来解开自己的烦恼。如今的阿波罗神殿虽然早已荒废，但是从剩余的7根高大的爱奥尼亚石柱还是能看出当年的壮观场景。神殿中心清晰可辨，正中放置着神谕石，是神殿的核心。

看点08 希皮尔岩

希腊祭祀大地女神之地

希皮尔岩位于雅典人宝库和雅典人柱廊之间，是德尔菲最古老的祭拜场所。在希腊神话中，这里原本是祭祀大地女神盖亚的地方，由盖亚的儿子Python看守。后来阿波罗来到这里，杀死了Python，在这里建起了自己的神殿。Python死后，这里出现了一眼甘泉，同时还有一块石头涌出，这就是现在的希皮尔岩。据说德尔菲的首位祭司就是坐在这块岩石上向人们传达盖亚女神的神谕的。至今在岩石旁还能看到古代祭坛的遗迹，可见它在宗教生活中的重要地位。

看点09 剧场

规模庞大的剧场

剧场位于阿波罗神殿的西北方，这座剧场可以容纳超过5000名观众，规模很是庞大。爬到剧场的顶端，居高临下，整个帕纳索斯山谷的景色尽收眼底，微风从脸颊边拂过，十分惬意。来到剧场的舞台正中，看着四周高高的观众席，不由得产生一种紧张感，不知道数千年前的演员们在这里表演的时候是不是也会一样紧张呢？

看点10 雅典人宝库

展现雅典人不屈不挠的艺术结晶

雅典人宝库位于圣殿前神路的最后一个拐弯处，在圣地入口和神殿处都能够看到它。它是为了纪念马拉松战役的胜利而修建的，表现了希腊神话中的不同故事场景，其中很多都是传说中的大力神海格力斯的神话事迹，体现了雅典人在阿波罗的庇护下保护希腊免遭野蛮人侵害的愿望。

03 雅典娜神殿

阿波罗神殿前的雅典娜神殿

雅典娜神殿就位于德尔菲阿波罗神殿的下方，人们通过圣道前往阿波罗神殿前都会先路过这里，因此这座雅典娜神殿也被人们称作“雅典娜普洛纳亚圣殿”，其中普洛纳亚就是“在庙前”的意思。这座神殿的建造年代十分久远，可以追溯到公元前7世纪。人们在这里发掘出了很多有价值的文物，这些文物目前都被存放在附近的雅典娜神殿珍宝馆中。参观完这座神殿后，不妨前往珍宝馆一观那些绝世珍宝。

TIPS

雅典Liossion巴士总站乘班车在德尔菲巴士总站下

★★★★★

04 体育训练场

运动员们热身的地方

雅典Liossion巴士总站乘班车在德尔菲巴士总站下

★★★★★

体育训练场位于通往阿波罗神殿的圣道左侧，是阿波罗圣域的重要组成部分。这里主要包括一条直线长跑道和一个圆形浴池，是当时参加各种竞技活动的运动员们训练和热身的地方。当盛大的皮西亚庆典召开前，来自全希腊各地的健儿们都会到这里来热身和适应场地。他们在直线跑道上锻炼脚力，或是在健身馆里举哑铃锻炼身体，如果累了还能进入这圆形浴池放松一下。可见从数千年前开始，这里就已经有了非常先进的体育运动体系，让人惊叹不已。

05 德尔菲考古博物馆

德尔菲阿波罗圣域中出土的文物

雅典Liossion巴士总站乘班车在德尔菲巴士总站下

275-1076585 ★★★★★

德尔菲考古博物馆专门陈列从德尔菲阿波罗圣域中出土的文物。博物馆的外观为现代建筑，和周遭的遗迹相比，风格显得有点格格不入。走进博物馆才真正进入了一个神奇的世界，这里遍布做工精致的古代塑像和祭祀用品。不过让人颇感兴趣的是那幅德尔菲圣域的复原图，它将数千年前德尔菲圣域的样貌完全展现了出来，让参观完遗迹的人们更是印象深刻。此外，在这里还珍藏着一座《德尔菲的驾车人》铜像，是镇馆之宝。

06 梅戴奥拉修道院

悬在空中的修道院

TIPS

Meteora, Kalambaka, Greece

★★★★★

梅戴奥拉在希腊语中是“悬在空中”的意思，因此这座修道院也被人们称作“空中修道院”。在塞萨里亚平原，巨大的山岩拔地而起，形成奇异的“巨石林”。当时的修道士们就是在巨石上建立了修道院，远远望去仿佛悬空而建一般，而梅戴奥拉修道院就是其中的佼佼者。在这座修道院里能感受到真正的远离尘世。一直到20世纪，这里都没有梯子和石阶，人或货物都要靠滑车或绳子，用网状袋子拉到山上。修道院的建筑依山势而建，规模颇大，内部有不少精美的拜占庭壁画，极具艺术价值。

索引 INDEX

考拉旅行书目，带您乐游全球！

攻略系列！

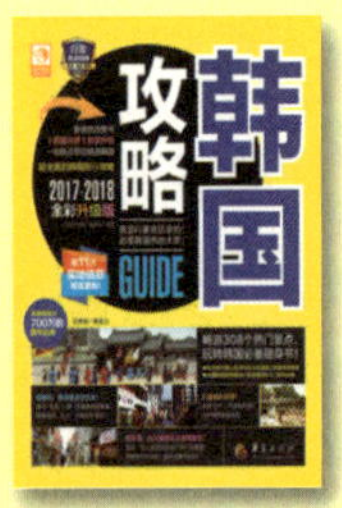

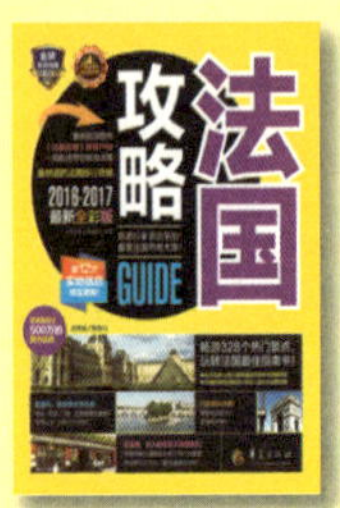

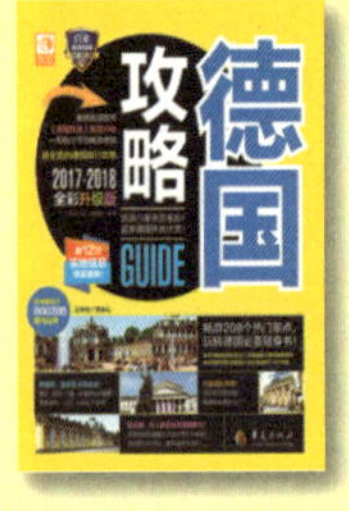

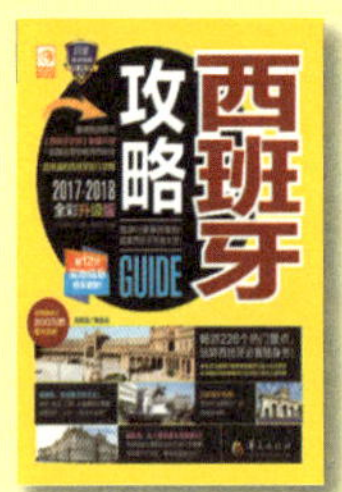

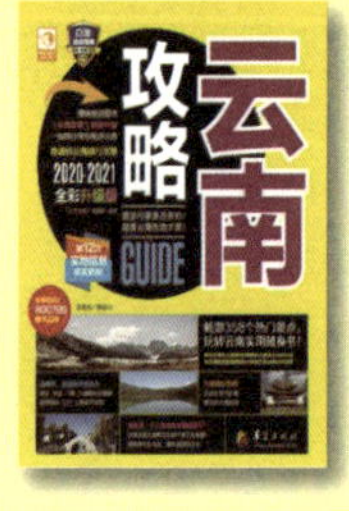

更多图书
敬请期待……

考拉旅行书目，带您乐游全球！

畅游系列！

图书在版编目（CIP）数据
畅游希腊 /《畅游希腊》编辑部编著. --2 版. -- 北京：华夏出版社有限公司，2020. 1
ISBN 978-7-5080-9731-2
Ⅰ. ①畅… Ⅱ. ①畅… Ⅲ. ①旅游指南－希腊 Ⅳ. ① K954.59
中国版本图书馆 CIP 数据核字（2019）第 291542 号

畅游希腊

作　　者　《畅游希腊》编辑部
责任编辑　杨小英
责任印制　刘　洋

出版发行　华夏出版社有限公司
经　　销　新华书店
印　　装　北京华宇信诺印刷有限公司
版　　次　2020年1月北京第2版　2020年1月北京第1次印刷
开　　本　720×920　1/16开
印　　张　14
字　　数　200 千字
定　　价　58.00 元

华夏出版社有限公司　地址：北京市东直门外香河园北里 4 号　邮编：100028
网址 :www.hxph.com.cn　电话：（010）64663331（转）
若发现本版图书有印装质量问题，请与我社营销中心联系调换。